A-Z FO

SPANISH

AB INITIO

ESSENTIAL VOCABULARY ORGANIZED BY TOPIC FOR IB DIPLOMA

Spanish Ab Initio

NOELIA ZAGO

Elemi
INTERNATIONAL SCHOOLS PUBLISHER

Published by Elemi International Schools Publisher Ltd

Author: Noelia Zago

Series Editor: Mary James

Specialist Editor: Mónica Morcillo Laiz

The author and publisher would like to acknowledge the very valuable input of Gaston Oberti Oddi who reviewed and commented on the manuscript. Gaston is an experienced educator of the IB Diploma and is currently Head of Spanish at Sevenoaks School in the UK.

First published 2021

10 9 8 7 6 5 4 3 2 1

A catalogue record of this title is available from the British Library

British Library Cataloguing in Publication Data

ISBN 978-1-9164131-8-4

Page layout/design by EMC Design Ltd
Cover design by Jayne Martin-Kaye

Printed in Great Britain

Contents

Studying Spanish Ab Initio at IB Diploma

The IB Spanish Ab Initio Diploma programme is a rigorous and challenging language acquisition course which helps develop your linguistic skills as well as your inter-cultural understanding.

How this resource can help you

Studying Spanish Ab Initio as part of the IB Diploma programme involves a substantial amount of time for independent study and you may need additional support from your teacher, friends, or other resources. Of course, your teacher and friends may not always be available, particularly when it comes to acquiring, learning, and using a broad range of language and vocabulary across a variety of different topics.

This book aims to help you by providing a core of vocabulary and language organized by the themes and topics you will be studying as part of your IB Diploma.

- There are five broad themes (sections 1–5 in this book). Each theme has been divided into topics, and each topic is then further divided into sub-topics. These are organized along the following lines:
  - individual words
  - verbs and verb collocations (ie words which are often used in combination; verbs are listed in the infinitive form)
  - basic phrases and sentences on the topic which you are likely to meet and need at the start of your study
  - longer, more sophisticated sentences which you are more likely to need in your second year of study and may find challenging (indicated by *).
  - These more challenging sentences marked * have been carefully selected to model the use of a linguistic feature in sentences. For example, the use of relative pronouns, special forms of verbs, verbs in different tenses, or other examples of special vocabulary. These are highlighted in bold. To help you identify the equivalent words/phrases in English, these have been written **in bold** as well.
- Section 6 provides you with generic and idiomatic language not related to specific topics (eg time, colours, etc.) as well as suggestions to help with the preparation of your individual oral assessment (***Para el examen oral***). This lists useful phrases and models for describing an image as well as for the questions and answers. In ***Para el examen escrito***, you will find vocabulary to use when writing your essay, including specific phrases related to different text types.
- Generally, the language you are given in this resource is in standard register. Words and phrases which are more familiar are indicated as colloquial *(col)* and more idiomatic language is shown with (id).
- This resource provides you with Spanish that you would read or hear in Spain. You will find words and phrases in Spanish from other Spanish-speaking countries and the country of origin is indicated in brackets.
- Note this is **not** a comprehensive list of vocabulary and language and you are encouraged to acquire a broad range of vocabulary. If your teacher gives you additional words, or through your own reading you come across suitable language, you might choose to write it in this book, so it is more like a personal vocabulary book for you.
- Where you see a note to refer to another section in this book (eg **Ver 6 A**), this suggests there may be useful and relevant vocabulary in another section. These cross references have been done where we thought it might be helpful, but they are not necessarily exclusive. You may find other opportunities to blend the language from different sections. This is another way in which you can personalize the language for your own needs.

We wish you the best on your learning journey and, of course, the greatest success in your exams!

Noelia and the team at Elemi

Identidades

A Características personales

Me presento (nombre, edad, nacionalidad, domicilio, idioma)	Let me introduce myself (name, age, nationality, home address, language)
el apellido	(family/last) name/surname
el primer nombre	first name
el segundo nombre	middle name
el seudónimo, el apodo	nickname
la edad	age
el cumpleaños	birthday
el día de nacimiento	date of birth
el país de origen	country of origin
la nacionalidad	nationality
el domicilio	home address
la lengua (materna)	(mother) tongue/language
tener x años	to be x years old
vivir en (un pueblo / una ciudad)	to live in (a village / a city)
ser de nacionalidad británica	to be of British nationality
tener origen español / argentino o ser originario(a) de España/Argentina	to be of Spanish/Argentinian origin
sentirse español(a) / argentino(a)	to feel Spanish/Argentinian
tener doble nacionalidad	to have dual nationality
hablar inglés fluido	to speak English fluently
Mi nombre es Juan Carlos Gutiérrez. Se escribe G.U.T.I.E.R.R.E.Z.	My name is Juan Carlos Gutiérrez. It is spelled G.U.T.I.E.R.R.E.Z.
Mi nombre es Pedro, pero la gente me dice Pepe.	My name is Pedro, but people call me Pepe.
Mi apellido es de origen italiano.	My last name/family name is of Italian origin.
Tengo casi dieciséis años.	I'm nearly sixteen.
Acabo de cumplir diecisiete.	I've just turned seventeen.
Yo nací en mayo.	I was born in May.
Mi cumpleaños es el 22 de julio.	My birthday's on 22nd July.
Él está en sus treintas. / Él está en la treintena.	He is in his thirties.
¿De dónde eres?	Where are you from?
Somos de Buenos Aires.	We're from Buenos Aires.
Yo soy inglés/chino/americano.	I am English/Chinese/American.
Vivo en el número 12 de la calle Sáenz Peña, en Buenos Aires.	I live at 12 Sáenz Peña Street in Buenos Aires.
Vivo aquí desde los 12 años.	I've been living here **since** I was 12.
Mis padres son de Nueva York y viven en Dubai desde 2016.	My parents are originally from New York and have lived in Dubai **since** 2016.
Hablo inglés desde los 10 años / desde que vivo en los EE.UU.	I speak English **since** I was 10 / **since** I've been living in the US.
Soy bilingüe (árabe-inglés) y he estado aprendiendo español durante 6 meses.	I'm bilingual (Arabic–English) and I have been learning Spanish **for** 6 months.
Él no aparenta su edad.	He doesn't look his age.
estar en la edad del pavo (id)	to be at that difficult age *(lit: to be in the turkey age)*

La descripción física	Physical description
la apariencia física	looks/physical appearance
la silueta / la figura	figure
el cuerpo	body
la cara / el rostro	face
la ropa / el atuendo	clothes/clothing (the way you dress)
ser pequeño(a) / bajo(a)	to be small
ser alto(a)	to be tall
no ser ni alto ni bajo/de mediana estatura	to be neither tall nor short/of average height
ser delgado(a) / flaco(a)	to be slim/thin
ser fuerte / corpulento(a) / fornido(a)	to be thick set/stout/chunky
tener los ojos...	to have ...
azules	blue
verdes	green
marrones	brown
avellana	hazelnut
grises	grey
	... eyes
tener el pelo...	to have ...
rubio	blond
castaño	brown
negro	black
rojo	ginger
gris	grey
blanco	white
corto	short
largo	long
liso	straight
ondeado	curly
rizado	frizzy
afro	afro
	... hair
ser calvo(a)	to be bald
tener barba / bigote	to have a beard/a moustache
tener piel clara / mate / oscura	to have light/olive/dark skin
tener pecas / arrugas / granos (acné) / una cicatriz	to have freckles/wrinkles/pimples (acne)/a scar
usar anteojos / lentes de contacto / aparatos ortopédicos	to wear glasses/contacts/braces
llevar el cabello en una cola de caballo / con coletas / trenzas / con un moño	to wear one's hair in a ponytail/pigtails/braids (plaits)/bun
cuidar tu apariencia	to take care of your looks
maquillarse	to put on make-up/make oneself up
tener un tatuaje / un piercing	to have a tattoo/a piercing
usar una mascarilla (médica / de tela / de moda)	to wear a (medical/fabric/fashion) face mask
vestirse de manera elegante / informal	to dress smart/casual
ponerse atuendos elegantes / descuidados / excéntricos	to wear elegant/scruffy/eccentric clothes

vestir ropa deportiva / práctica / cómoda	to wear sporty/practical/comfortable clothes
usar el traje nacional / vestido tradicional	to wear the national costume/traditional dress
Mido alrededor de 1 metro 60 de alto y peso 58 kilogramos.	I am 1.6m tall and I weigh 58 kilos.
Me parece que estoy un poco gorda.	I think I'm a bit too fat.
Es guapo. / Es un hombre guapo.	He's good-looking./He's a handsome man.
Ella es bonita/hermosa. / Es una mujer hermosa.	She's pretty/good-looking./She's a beautiful woman.
Para mi madre, es importante tener un buen maquillaje, un peinado prolijo y estar bien vestido.	For my mother, it's important to have good make-up, neatly styled hair and to be well dressed.
Tengo un tatuaje en mi brazo que realmente representa mi personalidad.	I have a tattoo on my arm which represents my personality well.
Algunos jóvenes tienen *piercings* para afirmar su identidad. ¡Creo que son feos!	Some young people have piercings to assert their identity. I find those ugly!
El aspecto/estilo de vestir **dice mucho sobre** tu personalidad.	The way someone looks/dresses says a lot about their character.
Mi novio es menos guapo que su hermano, ¡pero lo encuentro más atractivo!	My boyfriend is **less** handsome **than** his brother, but I find him **more** attractive!
Vivimos en un mundo de imágenes y el físico es más importante que el resto.	We live in a world of images and physical appearance is **more** important **than** the rest.
Personalmente, me atrae menos la apariencia de las personas que su personalidad.	Personally, I am **less** attracted to the way people look **than** to their personality.
Muchos jóvenes prefieren vestirse de forma occidental en lugar de usar su vestimenta tradicional.	Many young people prefer to wear Western-style clothing **rather than** traditional dress.
Soy la viva imagen de mi padre. (id)	I'm the spitting image of my father.
Somos dos gotas de agua. (id)	We're like two peas in a pod. *(lit: We are two drops of water.)*

La personalidad: cualidades y defectos — Personality: qualities and faults

ser … / aparecer … / parecer ser …	to be …/to seem … /to appear to be …
… simpático(a) / amigable	… friendly
… pesimista / optimista	… pessimistic, negative/optimistic, hopeful
… amable / egoísta / molesto(a)	… kind, nice, good-natured/selfish/annoying
… tímido(a) / calmo(a) / gracioso(a) / dinámico(a), lleno(a) de energía	… shy/calm/funny/dynamic, full of energy
… generoso(a)	… generous
… sensible / responsable / concienzudo(a)	… sensitive/responsible/conscientious
… perezoso(a)	… lazy
… curioso(a)	… inquisitive
… trabajador(a)	… hard-working
… celoso(a)	… jealous
… terco(a)	… stubborn
… amable, gentil	… kind, nice
… ingenuo(a)	… naive, gullible
… comprensivo(a)	… understanding
tener buen / mal carácter	to be good/bad tempered
tener buen sentido del humor	to have a (good) sense of humour
mostrar celos / sentido común	to show jealousy/common sense
inspirar confianza / inspirar respeto	to inspire confidence/to inspire respect
mostrar alegría por vivir	to come across as very happy

Siempre estoy de buen humor / de mal humor.

I am always in a good mood/in a bad mood.

Nunca está contento / estresado.

He's never happy/stressed.

Primero piensa en sí mismo / en los demás.

He puts himself/others first.

Ella siempre ve el lado positivo / negativo de las cosas.

She always sees the positive/negative side of things.

Mi padre nunca se enoja.

My father never gets angry.

Mis padres se enojan muy rápido.

My parents get angry very quickly.

Creo que soy una persona sociable.

I think I am a sociable person.

El principal rasgo de mi carácter es la franqueza.

My main character trait is honesty.

Lo que mejor define su carácter es la generosidad.

What best defines him/her as a person is generosity.

Lo que me gusta de este maestro es que es justo.

What I like about this teacher is that he's fair.

Lo que me encanta de mis amigos es que puedo confiar en ellos.

What I like about my friends is that I can trust them.

Lo que más admiro de él/ella es su habilidad para trabajar.

What I admire most about him/her is his/her ability to work.

No tiene los pies en la tierra. (id)

He hasn't got his feet firmly on the ground.

Ella es la dueña de mi corazón. (id)

I am in love with her. *(lit: She is the owner of my heart.)*

B Relaciones personales

Familiares directos	Immediate family
una madre / una madrastra / una suegra	mother/step-mother/mother-in-law
un padre / un padrastro / un suegro	father/step-father/father-in-law
una abuela / un abuelo	grandmother/grandfather
los padres / los abuelos / los suegros	parents/grandparents/in-laws
un hijo / un hijastro / un yerno	son/step-son/son-in-law
una hija / una hijastra / una nuera	daughter/step-daughter/daughter-in-law
una hermana / una media hermana / una hermanastra / una cuñada	sister/half-sister/step-sister/sister-in-law
un hermano / un medio hermano / un hermanastro / un cuñado	brother/half-brother/step-brother/brother-in-law
un hermano mayor / menor / gemelo	elder/younger/twin brother
una hermana mayor / menor / gemela	elder/younger/twin sister
un niño (adoptado), una niña (adoptada)	(adopted) child
un esposo / un cónyuge / un marido	husband/spouse
una esposa	wife/spouse
un padre soltero / una madre soltera	single father/mother
una pareja / un compañero(a)	partner/companion
un (tío) abuelo / una (tía) abuela	great-(uncle)/great-(aunt)
un primo / una prima	cousin
un sobrino / una sobrina	nephew/niece
un miembro de la familia	family member
un pariente cercano / lejano	close/distant relative
una familia monoparental/homoparental	single parent/same sex parent family
una familia reconstituida	reconstituted family, stepfamily
un animal de compañía / una mascota	pet
ser hijo(a) único(a)	to be an only child
ser el/la mayor / el/la menor	to be the eldest/youngest
comprometerse	to get engaged
casarse	to get married
separarse / divorciarse	to divorce/separate
enviudar / quedarse viudo(a)	to become a widow(er), to be widowed
vivir bajo el mismo techo	to live under the same roof
Hay tres personas en mi familia: mis padres y yo.	There are three people in my family, my parents and me.
No tengo un hermano, pero tengo tres hermanas.	I don't have a brother, but I have three sisters.
Vengo de una familia grande.	I come from a large family.
No tengo mascotas en casa.	I don't have a pet at home.
¡Tengo un perro y realmente es parte de la familia!	I have a dog and he is really part of the family!
Mis padres no están casados, pero están en sociedad civil.	My parents are not married but they are in a civil partnership.
He estado viviendo con mi padre y mi madrastra desde que mis padres se divorciaron.	I have been living with my father and step-mother since my parents' divorce.
No conozco a toda mi familia porque están esparcidos por todo el mundo.	I don't know my whole family because they are scattered all over the world.
La familia extendida es la norma en los países de América Latina.	Extended family is the norm in Latin American countries.

Mi papá fue adoptado cuando era un bebé y no conoce a sus padres biológicos.

My father **was adopted** when he was a baby and he doesn't know his biological parents.

Mi madre fue criada por sus abuelos después de la muerte de sus padres.

My mother **was raised** by her grandparents after her parents died.

Mis hermanos fueron enviados a un internado cuando eran pequeños.

My brothers **were sent** to a boarding school when they were little.

El amor y la amistad

Love and friendship

un(a) amigo(a) (de la infancia)	(childhood) friend
un(a) compañero(a) (de clase)	friend/mate (classmate)
un novio / una novia	boyfriend/girlfriend
mi prometido(a)	fiancé(e)
un grupo / una panda (fam) de amigos	group of friends
conocer / llegar a conocer	to meet/to get to know
encontrar a alguien	to find someone
ser amigos de	to be friends with
tener mucho en común	to have a lot in common (with)
coquetear / flirtear	to flirt
enamorarse	to fall in love
salir con alguien	to go out with someone
estar en pareja	to be together (as a couple)
comprometerse / casarse / formar una pareja de hecho	to get engaged/to get married/to enter a civil partnership

Normalmente me encuentro con mis amigos en la ciudad.

I usually meet up with my friends in town.

Tengo muchos amigos nuevos en la escuela.

I have a lot of new friends at school.

Ella ha sido mi mejor amiga desde la escuela primaria.

She has been my best friend since primary school.

Durante la pandemia de COVID-19, extrañé mucho a mis amigos.

During the COVID-19 pandemic, I missed my friends enormously.

Tenía buenos amigos, pero nos perdimos de vista. (id)

I had good friends, but we lost touch.

Me he mantenido en contacto con mis amigos y nos vemos en línea con bastante frecuencia.

I've kept in touch with my friends and we meet up online quite often.

Para mí, el amigo ideal es alguien en quien puedes confiar.

For me, the ideal friend is **someone whom** you can trust.

Mi mejor amigo es alguien por quien haría cualquier cosa.

My best friend is **someone for whom** I would do anything.

En mi opinión, el/la compañero(a) perfecto(a) es alguien con quien puedes contar.

In my opinion, the ideal partner is **someone on whom** you can rely.

El marido perfecto o la esposa perfecta es alguien con quien te sientes bien.

The perfect husband or perfect wife is **someone with whom** you feel comfortable.

enamorarse a primera vista

to feel love at first sight

Amor con amor se cura. / Un clavo saca otro clavo. (id)

A new love will make you forget the old love. (*lit: Love with love heals.*)/(*lit: One nail pulls out another nail.*)

En la guerra y en el amor todo vale. (id)

All's fair in love and war. (*lit: In war and in love, anything goes.*)

¡Todo va bien!

All's well!

llevarse bien (con)	to get on well (with)
ser / sentir ...	to be/to feel ...
... bien (con)	... good (with)
... cómodo(a) (con)	... comfortable (with)

encontrar a alguien agradable / amable / gentil	to find someone nice/pleasant/kind
tener una buena relación (con)	to have a good relationship/good relations (with)
tener respeto / admiración / simpatía (por)	to respect/admire/like
En mi familia, todos nos llevamos bien.	In my family we all get along well.
Soy muy cercano a mis hermanos.	I am very close to my brothers and sisters.
Hago amigos con bastante facilidad.	I make friends quite easily.
Encontramos a nuestros nuevos vecinos muy agradables.	We find our new neighbours very nice.
Me siento bien en el círculo familiar.	I feel comfortable/cosy in the family cocoon.
Durante el confinamiento, me acerqué más a mi familia.	During lockdown, I got closer to my family.
En la escuela secundaria, todos son amables conmigo.	In secondary school, everyone is nice **to me**.
Tengo un nuevo amigo y me llevo muy bien con él.	I have a new friend and I get along very well **with him**.
Me gusta estar con mis amigos porque me siento bien con ellos.	I like being with my friends because I feel great **with them**.
Tengo mis dos abuelas y tengo una gran relación con ellas.	I have two grandmothers and I have an excellent relationship **with them**.
Aunque a veces peleo con mi novia, rápidamente me reconcilio con ella.	Even though I sometimes argue with my girlfriend, I quickly make up **with her**.

¡Las cosas van mal! / Things are bad!

conflictos entre generaciones	generation gap
tener malas relaciones (con)	to have a bad relationship/bad relations (with)
enojarse (con)	to get angry (with)
discutir / pelear / enfadarse (con)	to fight/to argue/to fall out
separarse / divorciarse	to separate, to break up/to divorce
encontrar a alguien antipático(a) / desagradable	to find someone unpleasant
estar celoso(a) (de)	to be jealous (of)
ser malo(a) (con)	to be nasty (with)
estar / sentirse incómodo(a) (con)	to be/feel uncomfortable (with)
No me llevo bien con mi hermano en absoluto.	I don't get on at all with my brother.
Discutimos todo el tiempo.	We argue all the time.
No soporto a mi padrastro.	I can't stand my stepfather.
Se porta mal conmigo.	He behaves badly towards me.
No sé hacer amigos.	I don't know how to make friends.
Vengo de una familia ensamblada y nuestras relaciones a veces son muy tensas.	I belong to a reconstituted family and our relations are sometimes very tense.
Dejé de ver a ese chico porque era tóxico.	I **stopped seeing** that boy because he **was** toxic.
Mis padres se divorciaron porque se peleaban todo el tiempo.	My parents **got divorced** because they **fought** all the time.
Tuve muchas discusiones con mi familia durante el confinamiento porque siempre estábamos juntos.	I **fought** a lot with my family during the lockdown because we **were** always together.
La convivencia salió muy mal porque todos estábamos estresados.	Living together **went** badly wrong because we were all stressed.
Ellos son carne y uña. (id)	They are bosom buddies/thick as thieves (*lit: They are flesh and nail.*)
Ellos se echan todo en cara. (id)	They don't get on at all. (*lit: They throw everything in their faces.*)

C Comidas y bebidas

Las comidas	Mealtimes
el desayuno	breakfast
el almuerzo	lunch
la merienda	afternoon snack
la cena	dinner
una entrada	starter
un plato principal	dish
un postre	dessert
un trago	drink
un plato familiar / nacional / tradicional	family/national/traditional dish
una especialidad regional / nacional	regional/national specialty
una comida de fiesta	festive meal
tener hambre	to be hungry
tener sed	to be thirsty
cocinar	to cook
preparar la comida	to prepare the meal
Desayunamos a las 7 en punto.	We have breakfast at 7 am.
Almuerzo alrededor de la 1 p.m.	I have lunch at about 1 pm.
Por lo general, cenamos alrededor de las 7:30 p.m.	We normally have dinner at about 7.30 pm.
¡Mi comida favorita son las tapas de mi abuela!	My favourite dish is my grandmother's tapas!
Encuentro la paella deliciosa / asquerosa.	I find paella delicious/disgusting.
Me gusta/encanta el pollo / la sopa / las verduras.	I like/I love chicken/soup/vegetables.
No me gusta / odio el arroz / la ensalada / los cereales.	I don't like/I hate rice/salad/cereals.
Por la mañana, prefiero las tostadas con mantequilla a los pasteles.	In the morning, I prefer a slice of bread and butter to pastries.
Por la mañana, bebo té / café / leche / jugo de frutas / agua.	In the morning/For breakfast, I drink tea/coffee/milk/fruit juice/water.
Al mediodía, como carne / pescado / verduras.	At lunchtime, I have meat/fish/vegetables.
Por la noche / De cena, como pizza / queso / pasta.	In the evening/For dinner, I eat pizza/cheese/pasta.
No cocino seguido, pero a menudo hago pasteles.	I don't often cook, but I often bake cakes.
En Argentina es muy común pedir helado a domicilio.	In Argentina, it is very common to order ice cream at home.
Siempre pruebo las especialidades del país donde estoy.	I always taste the specialties of the country where I am.
¿Alguna vez has comido empanadas / asado / locro?	Have you **ever** eaten *empanadas/asado/locro*?
Nunca he comido empanadas / asado/ locro.	I have **never** eaten *empanadas/asado/locro*.
¿Has probado alguna vez las arepas ?	Have you **ever** tasted *arepas*?
Todavía no he probado las arepas, ¡pero me gustaría probarlas algún día!	I **haven't** tasted *arepas* **yet**, but I would like to try them one day!
Demasiadas personas en el mundo no obtienen suficiente comida.	Far too many people in the world do not eat enough.
Algunas personas no comen cerdo por motivos religiosos.	Some people do not eat pork for religious reasons.
Estoy muerto(a) de hambre. (id)	I'm famished/ravenous. (*lit: I'm dead from hunger.*)
Se me hace agua la boca. (id)	I really like that dish. (*lit: My mouth is watering.*)

Comprando comida	Shopping for food
el mercado	market
el mini-mercado / el supermercado / el hipermercado	convenience store/supermarket/hypermarket
la tienda de alimentos	food store
el delicatessen	delicatessen
la panadería	baker's (cake shop)
la carnicería	butcher's
la pescadería	fishmonger's
la quesería	cheese shop
la verdulería	greengrocer's shop
la frutería	fruit and vegetable shop
100 gramos de...	100 grams of ...
una libra de...	a pound of ...
un kilo de...	a kilo of ...
un (medio) litro de...	a (half) litre of ...
una botella de...	a bottle of ...
una lata de...	a can of ...
un vaso de...	a glass of ...
un bol de...	a bowl of ...
una caja de...	a box of ...
un paquete de...	a packet of ...
una jarra de...	a jar of ...
una rodaja de...	a slice of ...
un pedazo de...	a piece of ...
una porción de...	a portion of ...
una cucharilla de...	a teaspoon of ...
una cucharada de...	a tablespoon of ...
los sabores	flavours
... de vainilla/fresa/menta/naranja	vanilla/strawberry/mint/orange
... de chocolate/café/limón	chocolate/coffee/lemon
... con frutos rojos	red berries
las guarniciones	fillings
... con tomate	tomato
... con queso/jamón/atún	cheese/ham/tuna
... con chiles/aceitunas	chilis/olives
Quería... / Voy a llevar un kilo de manzanas, por favor.	I would like .../I will have a kilo of apples, please.
¿Tiene(s) zanahorias ralladas?	Do you have grated carrots?
¿Cuánto cuesta el cono de helado de dos bolas?	How much is a two-scoop ice cream cone?
Deme / Póngame dos melones maduros, por favor.	Give me two ripe melons, please.
Hacemos nuestras compras en el supermercado / en línea.	We do our shopping at the supermarket/online.
Desde la pandemia, usamos "Click & Collect" para todas nuestras compras.	Since the pandemic, we use click and collect for all our shopping.

Identidades

¡Salimos a comer!

el restaurante	restaurant
la cafetería / el autoservicio / la cantina	cafeteria/self-service restaurant/canteen
el café / el bar	café/bar
comida para llevar	takeout/takeaway
¿Puedo ayudarte? / ¿Qué quieres ordenar?	May I help you?/What would you like?
¿Qué vas a ordenar? / ¿Has decidido?	What will you have?/Have you decided?
Comeré empanadas como entrada.	I'll have *empanadas* as a starter.
Luego, tomaré el plato del día.	And then I'll have the dish of the day.
¡Podrías traerme una jarra de agua, por favor!	May I have a jug of water, please!
Compro un sándwich cada mediodía.	I buy a sandwich every lunch time.
De vez en cuando comemos pizza que nos traen a casa.	We have pizzas delivered now and again.
Nosotros comemos comida para llevar bastante a menudo.	We eat takeaway food quite often.
España es conocida por su cocina.	Spain is known for its cuisine.
En los restaurantes argentinos, la cesta de pan es gratuita.	In Argentinian restaurants, the breadbasket is free of charge.
Vamos con muy poca frecuencia/con regularidad a los restaurantes.	We go rarely/regularly to restaurants.
Extrañé mucho los restaurantes y cafés durante las restricciones de COVID-19.	I really missed restaurants and cafés during the COVID-19 restrictions.

Malo para la salud

la comida chatarra / la comida rápida	junk food/fast food
los dulces / los caramelos	sweets/sugary food
las materias grasas	fats/oils
las bebidas gaseosas / energéticas	fizzy/energy drinks
comer alimentos grasos / salados / dulces	to eat fatty/salty/sugary food
gustar comer / ser amante de la buena comida	to like eating/to be a foodie
Como muchas hamburguesas con papas fritas.	I eat a lot of hamburgers with chips/fries.
A menudo quiero / me apetece comer algo dulce / salado.	I often feel like/fancy eating something sweet/savoury.
Tiendo a picar patatas fritas / tentempiés salados entre comidas.	I have a tendency to nibble on crisps/savoury snacks between meals.
A menudo me salto el desayuno / las comidas.	I often skip breakfast/meals.
Comemos muchas comidas procesadas que contienen mucha azúcar y sal.	We eat a lot of ready-made meals which contain a lot of sugar and salt.
Empina el codo. (id)	He drinks too much alcohol. (*lit: He bends the elbow.*)

Una alimentación sana

los productos frescos	fresh produce
los alimentos bajos en grasa	low-fat foods
carbohidratos de liberación lenta	slow-release carbs
comer equilibrado / seguir una dieta saludable	to eat a healthy diet
prestar atención a / cuidar tu dieta	to pay attention to/to monitor what you eat
No pongo azúcar en mi té.	I don't have sugar in my tea.
Ya no añado sal automáticamente a mi plato.	I no longer automatically add salt to my plate.
Reduje mi consumo de galletas porque engorda.	I'm eating fewer biscuits because they're fattening.

We are eating out!

Bad for your health

Healthy eating

Por la noche, evito las comidas demasiado pesadas o estimulantes.

In the evening, I avoid overly rich food and stimulants.

Quiero cuidarme, así que tomo muchas frutas y verduras.

I **want to look after myself**, so I have a lot of fruit and vegetables.

Todavía no sé cocinar, ¡pero aprenderé!

I don't **know how to cook** yet, but I'm going to learn!

Puedes comer cualquier cosa, pero con moderación.

You **can eat** a bit of everything, but in moderation.

Tienes que vigilar el tamaño de las porciones, si quieres perder peso.

You need to check the size of helpings, if you want to lose weight.

Debes comer 5 porciones de frutas y verduras al día.

You should eat five portions of fruit and vegetables per day.

Es mejor elegir carnes blancas como el pollo o el pavo.

It is best to choose white meat such as chicken or turkey.

Come como un chancho. (id)

He eats like a pig.

Problemas de salud	Health problems
estar mal de salud / tener mala salud	to be in poor health
estar enfermo(a) / enfermarse	to be/become ill
toser / estornudar	to cough/to sneeze
tener...	to have ...
... dolor de cabeza / dolor de garganta / dolor de pecho	... a headache/a sore throat/chest pains
... dolor de espalda / dolor de estómago	... a backache/stomachache
... dolor de muelas / dolor de oídos / dolor de ojos	... toothache/earache/sore eyes
estar...	
... resfriado(a) / cansado(a)	to have a cold/to be tired
ser...	to be ...
... intolerante / alérgico(a) a...	... to be allergic to/intolerant to
... diabético(a) / epiléptico(a) / celiaco(a) / asmático(a)	... to be diabetic/epileptic/celiac/asthmatic
sufrir...	to suffer ...
... (de) una enfermedad rara/grave/genética	... from a rare/serious/genetic disease
... (de) problemas respiratorios / problemas cardíacos / trastornos del sueño	... from a respiratory/cardiac/sleep disorder
... (de) una incapacidad física	... from a physical disability
tener ...	to have ...
... secreción nasal / ardor de ojos / zumbido de oídos	... a runny nose/burning eyes/ringing ears
... síntomas de influenza *o* gripe / gastroenteritis / COVID-19 (*o* coronavirus)	... symptoms of influenza/gastroenteritis/COVID-19 (*or* coronavirus)
ir a la farmacia / al médico / al hospital	to go to the pharmacy/to the doctor's/to hospital
ver / consultar a un médico	to see/consult a doctor
No estoy en forma.	I'm not in good shape.
No me siento bien.	I don't feel well.
Tengo un resfriado / una migraña / fiebre / fiebre alta / asma / menstruaciones dolorosas.	I have a cold/a migraine/a fever/a temperature/asthma/painful periods.
Tengo náuseas / dolor por todas partes.	I have nausea/pain everywhere.
Tuve una alergia a / una reacción alérgica a...	I had an allergy to/an allergic reaction to ...
No puedo dormir/comer.	I can't sleep/eat.
Me siento mareado (*o* nauseoso) / somnoliento.	I feel sick (*or* nauseous)/sleepy.
Tengo granos / quemaduras solares / picaduras de insectos.	I have spots/sunburn/insect bites.
Tiene asma y no ha dormido en toda la noche.	He has asthma and hasn't slept all night.
Me quemé/lesioné/corté.	I **burnt** myself/**hurt** myself/**cut** myself.
Me quemé el dedo / la mano / el brazo / el pie / la pierna.	I **burned my finger**/hand/arm/foot/leg.
Se lastimó el hombro / el tobillo / el codo / el cuello / las rodillas.	She **hurt** her shoulder/ankle/elbow/neck/knees.
Está como un roble. (id)	He has very good health. (*lit: He is like an oak tree.*)
No pegó ojo. (id)	He couldn't sleep. (*lit: He did not stick an eye.*)
Está hecho(a) polvo. (id)	It is ruined. (*lit: It is made dust.*)

Cómo mantenerse en forma

Well-being

una actividad física	physical activity
un deporte individual	individual sport
un deporte de equipo / un deporte colectivo	team sport
practicar deportes	to do sports
jugar (a) ...	to play ...
... al fútbol/al rugby/al tenis/al básquet/al handball/al hockey	... football (soccer)/rugby/tennis/basketball/handball/hockey
ir (a) ...	to go/do ...
... correr/andar en bicicleta/esquiar/patinar	... jogging/cycling/biking/skiing/skating
... natación/gimnasia/musculación/practicar senderismo	... swimming/gymnastics/weight training/hiking
... escalar / hacer equitación	... climbing/horseback riding
ir (a) ...	to go to ...
... a la piscina/al gimnasio	... the swimming pool/the gym
... al estadio/al centro deportivo	... the stadium/sports centre
mantenerse en forma	to keep fit/to stay in good shape
practicar un deporte	to do a sport
hacer ejercicio	to exercise
dormir bien / dormir suficiente	to sleep well/to get enough sleep
alimentarse bien / comer sano	to eat well/to eat healthily
relajarse / desconectar	to relax/to unwind
descansar / hacer reposo	to rest
ir a caminar	to go for a walk
irse a dormir temprano / acostarse temprano	to go to bed early
Camino al colegio cada día.	I walk to school every day.
Juego al hockey dos veces por semana.	I have hockey practice twice a week.
Tengo un partido de handball cada semana.	I have a handball game every week.
Voy a natación varias veces a la semana.	I go swimming several times a week.
No me gustan los deportes, pero me gusta pasear y saco al perro.	I don't like sports, but I like walking and I take the dog out.
La actividad física mejora la concentración.	Physical activity improves concentration.
Encuentro el yoga / la meditación relajante.	I find yoga/meditation relaxing.
Bailar / danzar me mantiene en forma.	Dancing keeps me fit/in shape.
Antes no hacía ejercicio y no estaba en buena forma, pero ahora estoy mejor.	**Before**, I **didn't** exercise and I **wasn't** fit, but now I'm better.
Antes de hacer deporte no tenía energía y siempre estaba cansado(a).	**Before** doing sports, I **had** no energy and I **was** always tired.
"Tener una mente sana en un cuerpo sano." (refrán)	"To have a healthy mind in a healthy body."

La salud mental

Mental health

el bienestar	wellbeing
el equilibrio	balance
la felicidad	happiness
la autoconfianza / la confianza en sí mismo(a)	self-confidence
la resiliencia	resilience
la tristeza	sadness

los trastornos alimenticios / del sueño	eating/sleeping disorders
el acoso cibernético	(cyber-) bullying
la ansiedad	anxiety
la depresión	depression
la desesperanza	despair
una tentativa de suicidio	suicide attempt
el círculo vicioso	vicious circle
estar feliz/miserable	to be happy/unhappy
estar de buen/mal humor	to be in a good/bad mood
estar/sentirse pleno(a) / insociable	to be fulfilled/withdrawn
tener la autoestima alta/baja	to have good/poor self-esteem
sentirse bien/mal con uno(a) mismo(a)	to feel good/bad about oneself
tener pensamientos oscuros / pasar un mal momento	to have dark thoughts/to be in a bad place
Me hace sentir bien/mal.	It makes me feel good/bad.
Me hace feliz. / Me da tristeza.	It makes me happy./It makes me feel sad.
Me deprime. / Me hace sentir genial.	It gets me down./It makes me feel great.
Me siento optimista. / Me siento deprimido.	I feel upbeat./I feel down.
Yo (no) me pongo muy nervioso(a).	I (don't) get all worked up.
No puedo motivarme / concentrarme.	I can't motivate myself/focus.
Me siento solo(a) / deprimido(a).	I feel lonely/depressed.
Debes evitar fumar, beber alcohol y consumir drogas para evitar volverte adicto.	You must avoid smoking, drinking alcohol, and taking drugs so as not to become addicted.
Creo que pasamos demasiado tiempo frente a una pantalla.	I think we spend too much time in front of a screen.
Puede desestresarse realizando actividades agradables en su tiempo libre.	You can unwind **by doing** enjoyable activities in your spare time.
Personalmente, me relajo pasando tiempo con mis amigos.	Personally, I relax **by spending** time with my friends.
Mucha gente se relaja tocando un instrumento musical, cocinando o haciendo jardinería.	Many people relax **by playing** a musical instrument, **cooking**, or **doing gardening**.
Algunos jóvenes intentan olvidarse de sus problemas tomando drogas.	Some young people try to forget their problems **by taking drugs.**
La falta de vida social, cultural y deportiva durante las pandemias afecta la moral de las personas.	The lack of a social, cultural, and sporting life during a pandemic affects the morale of people.
Su estado de ánimo está por el piso / los suelos. (id)	He feels really down. *(lit: His mood is on the floor.)*
Siempre ve el lado bueno de las cosas. (id)	He always looks on the bright side of life. *(lit: He always sees the good side of things.)*

A Hábitos cotidianos

Ver 6 A

Un típico día de colegio	A typical school day
(a/por) la mañana	(in) the morning
al mediodía	at lunchtime
(a/por) la tarde	(in) the afternoon/evening
(a/por) la noche	(during) the night
(durante) la semana / el fin de semana	(during) the week/(at) the weekend
despertarse	to wake up
levantarse	to get up
lavarse/ducharse/bañarse	to wash (oneself)/to have a shower/to have a bath
vestirse	to get dressed
maquillarse	to put makeup on
afeitarse	to shave
peinarse/cepillarse el cabello	to comb/brush one's hair
cepillarse los dientes	to brush one's teeth
lavarse las manos	to wash one's hands
relajarse/descansar/reposar	to relax/to unwind/to rest
irse a la cama / acostarse	to go to bed
dormirse / quedarse dormido(a)	to fall asleep
tener tiempo para hacer algo	to have (some) time to do something
pasar tiempo haciendo algo	to spend time doing something
tomarse su tiempo para hacer algo	to take your time to do something
invertir tiempo para / en hacer algo	to take time doing something

Por la mañana, me despierto a las 7 y me levanto.

In the morning, I wake up **at** 7 o'clock and I get up.

Primero voy al baño a lavarme y prepararme.

First, I go to the bathroom to wash myself and to get ready.

Luego desayuno, generalmente cereales y café.

Then I have breakfast, usually cereal and coffee.

Después / A continuación preparo mis cosas para ir a la escuela secundaria.

Then I get my things ready for secondary school.

Después de eso, salgo de casa para tomar el autobús para ir a la escuela.

After that, I leave home to take the bus to school.

A(l) mediodía, almuerzo en la cantina o, a veces, salgo a comprar algo para comer.

At lunchtime, I have lunch in the canteen or sometimes I go out to buy something to eat.

Cuando salgo de la escuela, voy a la ciudad para hacer trabajo voluntario en el proyecto CAS (Creatividad, Actividad y Servicio).

When I leave school, I go into town to do volunteer work for CAS (Creativity, Activity and Service).

Cuando llego a casa, hago mi tarea / mis deberes inmediatamente para sacármelo de encima. (id)

When I get home, I do my homework right away to be rid of it!

Una vez que termino todo, me gusta relajarme frente al televisor y pasar tiempo con mi familia.

Once I've done everything, I like to relax in front of the television and spend time with my family.

Finalmente, alrededor de las 11:30 p.m., me acuesto. Me gusta leer antes de dormir.

Finally, at about 11.30 pm, I go to bed. I like to read **before** going to sleep.

Mi alarma suena a las 6 a.m., pero me quedo en la cama un poco antes de levantarme.

My alarm clock goes off at 6 o'clock, but I stay/linger a bit in bed before getting up.

Tengo que darme prisa porque siempre llego tarde.

I have to hurry because I'm always late.

Cuando tengo prisa, mis padres me dejan en la escuela en coche.	When I am in a hurry, my parents drop me off at school by car.
Solía tardar más de una hora en ir a la escuela.	It used to take me more than an hour to go to school.
Personalmente, me he acostumbrado a la vida en un internado.	Personally, I have got used to boarding school life.
Paso todo mi tiempo libre haciendo mi tarea / mis deberes.	I spend all my free time doing my homework.
Sentimos que el programa BI (Bachillerato Internacional) nos mantiene ocupados desde que nos levantamos hasta que nos acostamos.	We feel that the IB (International Baccalauréat) programme keeps us busy from the moment we get up until we go to bed.
El ritmo de vida no es igual en todos los países.	The pace of life is not the same in all countries.
Durante la pandemia de Covid-19, tuvimos lecciones/ clases en línea todo el día.	During the Covid-19 pandemic, we had lessons online **all day long**.
Si fuera a la escuela de mi vecindario/barrio, mi jornada escolar sería más corta.	If I went to school in my neighbourhood, my **school day** would be shorter.
En algunos países, los jóvenes tienen que hacer un largo viaje, a menudo a pie, hasta la escuela.	In some countries, young people have a long **journey** to school, often on foot.
dormir a pierna suelta (id)	to sleep very well (*lit: sleep with a loose leg*)
Es pan comido. (id)	It is a piece of cake. (*lit: It is eaten bread.*)
dar (la) vuelta la tortilla (id)	to change a situation (*lit: to turn the omelette over*)
Trabajo a destajo. (id)	My life is just work. (*lit: I work piecework.*)

Ayudar en casa / Helping at home

los quehaceres domésticos / las tareas del hogar	household chores
hacer la(s) compra(s)	to do the shopping
hacer la comida (*o* cocinar)	to the cooking
lavar/fregar los platos	to do the dishes
hacer la limpieza (*o* limpiar)	to do the cleaning
hacer la colada / lavar la ropa	to do the laundry
planchar la ropa	to do the ironing
quitar el polvo	to dust
hacer la cama	to make one's bed
cuidar el jardín	to do the gardening
hacer bricolage	to do DIY/odd jobs
pasar...	
... la aspiradora	to vacuum
... la escoba (*o* barrer)	to sweep
... la mopa / fregona	to mop the floor
... el cortacésped	to mow the lawn
limpiar...	to clean ...
... el horno / el microondas	... the oven/the microwave oven
... las ventanas	... the windows
poner la mesa / quitar la mesa	to lay/to clear the table
vaciar el lavaplatos / friegaplatos / lavavajillas	to empty the dishwasher
ordenar	to tidy
sacar la basura	to take out the bins
pasear / sacar al perro	to walk/take the dog out
lavar el auto	to wash the car

Todos los domingos mi trabajo es regar las plantas.

Every Sunday, my job is to water the plants.

Alimento a los animales.

I feed the animals.

Cuando tengo tiempo, ayudo a mi mamá a cocinar.

When I have time, I help my mother cook.

Siempre que puedo, hago las compras para mi vecino como parte del CAS.

Whenever I can, I do the shopping for my neighbour as part of CAS.

En mi familia compartimos las tareas y el horario está colgado en la nevera.

In my family, we share tasks among ourselves and the schedule is displayed on the fridge.

Ayudar con la limpieza no me molesta, ¡pero me niego a limpiar los inodoros!

I don't mind helping with the chores, but I refuse to clean the toilets!

En mi casa no planchamos la ropa porque creemos que es una pérdida de tiempo.

At home, we don't iron clothes because we think it's a waste of time.

Cuido de mis hermanos y, a cambio, mis padres me dan dinero de bolsillo.

I look after my brothers and sisters and in exchange, my parents give me pocket money/an allowance.

No participo en las tareas del hogar porque tenemos ayuda para la limpieza.

I don't do any household chores, because we have a cleaner.

Durante el confinamiento por COVID-19, ¡hicimos limpieza general en la casa!

During the COVID-19 lockdown, we did a big spring clean in the house!

Mis hermanos hacen menos tareas domésticas que yo y eso no me parece justo.

My brothers do **less** housework **than** me and I don't think it's fair.

Las cifras muestran que en España las mujeres aún realizan más tareas domésticas que los hombres.

Figures show that in Spain, women are still doing **more** housework **than** men.

Mi padre pasa tanto tiempo como mi madre en la cocina porque le encanta cocinar.

My father spends **as much** time in the kitchen **as** my mother because he loves cooking.

Las mujeres trabajan fuera del hogar tanto como los hombres, pero hacen el 80% de las tareas domésticas.

Women work outside the home **as much as** men, but do 80% of domestic chores.

¡No sé si algún día los chicos harán más que las chicas!

I don't know if, one day, boys will do **more than** girls!

Si bien las mujeres están haciendo menos que antes, la distribución de las tareas aún no es igual.

Although women are doing **less than** before, the distribution of chores is still not equal.

Entre los deberes, las tareas del hogar y un trabajo los fines de semana, algunos jóvenes no tienen tiempo libre.

Between homework, housework and a weekend job, some young people have no free time at all.

En algunos países, las niñas también realizan tareas manuales como buscar agua o leña.

In some countries, girls also do manual tasks such as fetching water or firewood.

Le da/echa una mano. (id)

He gives/lends a hand.

Se lava las manos. (id)

He is not taking responsibility. (*lit: He washes his hands.*)

Lo que me gusta hacer – o no	What I like doing – or not
el tiempo libre	free time
un pasatiempo	pastime
una actividad de ocio	leisure activity
un interés	interest
una pasión	passion
escuchar música	to listen to music
tocar un instrumento	to play an instrument
leer un libro/una revista/un cómic	to read a book/a magazine/a comic
mirar la tele/los vídeos de YouTube	to watch television/YouTube videos
hacer manualidades	to do arts and crafts
dibujar / pintar / tomar fotos	to draw/to paint/to take photos
mirar una película/una serie/un partido	to watch a film/a series/a match
ir a una discoteca	to go to a nightclub
ir a una fiesta	to go to a party
navegar por internet	to go on the internet
usar las redes sociales	to go on social networks
ir al cine (m)	to go to the cinema
ir al teatro (m)	to go to the theatre
ir a un concierto (m)	to go to a concert
apoyar a un equipo	to support a team
seguir a *influencers* / YouTubers	to follow influencers/YouTubers
estar con / pasar tiempo con amigos(as)	to be with/spend time with friends
ser parte de un equipo / grupo / club	to belong to a team/a band/a club
ensayar / ir a los ensayos	to rehearse/to go to rehearsals
entrenar / ir a entrenar	to train/to go to training practice
participar en talleres de costura (f) / cocina (f)	to go to sewing/cooking workshops
¿Qué te gusta hacer en su tiempo libre / tiempo de ocio?	What do you like to do in your free time/leisure time?
Mi pasatiempo favorito es la lectura.	My favourite pastime is reading.
En mi tiempo libre, me gusta escribir en mi diario / blog.	During my free time, I like writing my diary/my blog.
La ajedrez es mi pasión.	Chess is my passion.
Tejer me relaja.	Knitting relaxes me.
Las exposiciones no me interesan mucho.	I'm not very interested in exhibitions.
Los juegos de mesa me aburren.	Board games bore me.
Las actividades al aire libre no significan nada para mí.	Outdoor activities don't appeal to me.
La música clásica me parece aburrida.	I find classical music boring.
Hago entrenamiento con pesas para mantenerme en forma y me hace sentir bien.	I do weight training to keep fit and it does me good.
Realizo largas caminatas en la naturaleza para tomar el aire.	I take long walks in nature to get some fresh air.
Toco en orquestas para hacer nuevos amigos y escapar del estrés de la vida cotidiana.	I play in orchestras to make new friends and escape the stress of everyday life.
Cuando tengo algo de tiempo libre, hablo con mis amigos en línea.	When I have some free time, I chat with my friends online.

En cuanto puedo, juego a los videojuegos en mi consola o a juegos en línea.

As soon as I can, I play video games on my console or online games.

Cuando estoy libre, hago actividades organizadas en el centro juvenil.

When I am free, I join in organized activities at the youth centre.

Como soy seguidor del equipo de fútbol de mi ciudad, voy a todos sus partidos.

As I am a supporter of my town's football team, I go to all their games.

Cuando hace buen tiempo, me gusta sacar a mi perro y pasear con la familia.

When the weather is nice, I like to take my dog out and go for walks with my family.

Cuando llueve, ¡prefiero quedarme en casa y no hacer nada!

When it rains, I prefer to stay at home and do nothing!

Solía hacer muchas actividades de ocio, pero ya no tengo tiempo debido al trabajo escolar.

I used to do a lot of leisure activities, but I don't have time anymore because of schoolwork.

Durante el confinamiento por COVID-19, no podíamos salir, así que descubrí una nueva pasión: ¡la jardinería!

During the COVID-19 lockdown, we couldn't go out, so I found a new passion: gardening!

Tener tiempo libre y relajarse es fundamental para tener una buena salud mental.

Free time and relaxation are essential for good mental health.

Participar en actividades culturales te permite conocer personas que tienen los mismos intereses.

Taking part in cultural activities allows you to meet people with similar interests.

No todos los jóvenes tienen el privilegio de tener tiempo libre o dinero suficiente para disfrutar de un hobby.

Not all young people have the privilege of having free time or enough money to have a hobby.

Lo que más amo en mi tiempo libre es estar al día con la moda porque me relaja.

What I like **the most** in my free time is to keep up to date with fashion because it relaxes me.

Lo que más me gusta son los pasatiempos creativos porque son diferentes al trabajo escolar y me ayudan a relajarme.

What I like **most** are creative hobbies because they're different from schoolwork and they help me to unwind.

Lo que más me interesa es el voluntariado para así ayudar a los demás.

What I am **most** interested in is volunteering to help others.

Meterse en el sobre (id)

to go to bed (lit: to get into the envelope)

Dormir como un tronco (id)

to sleep deeply (lit: to sleep like a log)

Lugares para salir

Going out places

un cine / un multiplex — cinema/multiplex

un teatro — theatre (or theater)

una sala de conciertos — concert hall

una sala de espectáculos — performance hall

un pabellón de deportes/multideporte — sport/multi-sport hall

un club de baile / música / bricolaje — dance/music/do-it-yourself club

un conservatorio — music school

un centro juvenil — youth centre

una biblioteca / una biblioteca multimedia — library/multimedia library

una discoteca / un boliche — night club

un museo / una pinacoteca / una sala de exposiciones — museum/gallery, exhibition hall

un centro comercial / deportivo / ecuestre / de ocio — shopping/sports/equestrian/leisure centre

una piscina — swimming pool

una pista de patinaje (sobre hielo) — skating/ice rink

un estadio — stadium

un campo de deportes / de fútbol — sports field/football pitch

un *bowling* / una bolera — bowling alley

el horario de apertura — opening times

el horario del espectáculo/show	show times
comprar un boleto / un asiento (en línea)	to buy a ticket/seat (online)
reservar / hacer reservas (en línea)	to book (online)
obtener un descuento	to get a discount
tener una tarjeta de suscripción / un abono de temporada	to have a membership card/a season ticket
Me gustaría reservar tres asientos/plazas para el espectáculo de esta noche, por favor.	I would like to book three seats for tonight's show, please.
¿Hay una tarifa reducida/para jóvenes/estudiantes?	Is there a reduced/youth/student rate?
¿Qué hay en el programa?	What's on?
Las instalaciones de ocio aquí son excelentes / insuficientes.	Leisure facilities here are excellent/inadequate.
Hay muchas cosas que pueden hacer los jóvenes en mi ciudad.	**There are many things** for young people to do in my town.
Los jóvenes no tienen nada que hacer por aquí.	Around here, young people **have nothing** to do.
No hay mucho que hacer en mi barrio.	**There is not much** to do in my neighbourhood.
En mi opinión, lo que falta en mi ciudad es un muro de escalada y un parque para practicar *skate*.	In my opinion, **what's missing** in my town **is** a climbing wall and a skatepark.
Creo que necesitamos un centro que ofrezca actividades creativas, culturales, musicales y deportivas gratuitas.	I think **we need** a centre that offers free creative, cultural, musical, and sporting activities.
Debería haber más actividades para los jóvenes, como juegos de láser y juegos de escape.	**There should be more** activities for young people, such as laser games and escape games.

¿Y si salimos?	Let's go out!
¿Estás libre esta noche / mañana por la tarde / este fin de semana?	Are you free tonight/tomorrow afternoon/this weekend?
¿Te gustaría ...	**Would you like ...**
... salir esta tarde?	... to go out tonight?
... ir a la ciudad conmigo?	... to go to town with me?
Podríamos ...	**We could ...**
... ir a ver una película.	... go and see a film.
... ir a comer algo.	... go and eat something.
¿Te gustaría ...	**Would you like to ...**
... dar un paseo por la ciudad?	... go for a walk around town?
... ir a tomar algo?	... go for a drink?
¿Qué te parece ir ...	**What about going ...**
... a ver escaparates (m) / vidrieras (f)?	... window-shopping?
... a dar un paseo por el parque?	... for a walk in the park?
... a dar un paseo junto al lago?	... for a walk by the lake?
De acuerdo/Muy bien/Vale (col), me gustaría.	All right/Fine/OK, I'd like that.
¡Qué buena idea! ¡Vamos!	Great idea, let's go!
Nos encontramos frente al cine a las 6 de la tarde.	See you in front of the cinema at 6 pm.
Depende.	It depends.
No me importa.	I don't mind.
Como prefieras.	It's up to you.
¿Qué tal si en vez de ir a ... vamos a ...?	Why don't we go instead to ...?
Preferiría salir mañana.	**I'd rather** go out tomorrow.

Ah, lo siento; no puedo.	Ah sorry, I can't.
Disculpa/e, pero no estoy disponible.	I'm sorry, but I'm not free.
Lo siento; no podré.	I'm sorry, I won't be able to.
Lástima, pero esta noche estoy ocupada.	A pity, but I'm busy tonight.
Esta noche es imposible. ¿En otra ocasión?	It's not possible tonight. Another time?
No va a ser posible porque tengo mucho trabajo.	It's not going to be possible because I have a lot of work.
Realmente no me interesa.	I'm not really interested.
No me llama. (id)	It doesn't really appeal to me.
No es lo mío.	It's not my thing.

C Vacaciones

¡Vivan las vacaciones!	Hurray for the holidays!
las vacaciones de verano	summer holidays
la semana blanca	February break
ir(se) de vacaciones	to leave / to go on holiday
ir...	to go ...
... al campo	... to the countryside
... a la montaña	... to the mountains
... al mar / a la playa	... to the seaside/the beach
... a la ciudad / a un pueblo	... to a city/a village
... de campamento / a un campamento de verano	... to summer camp
... a un centro turístico costero	... to a seaside resort
... a una estación deportiva de invierno/esquí	... to a winter sports/ski resort
... a una isla	... to an island
... al extranjero	... abroad
ir a / quedarse en ...	to stay in ...
... un hotel / un hotel de tres estrellas	... a hotel/a three-star hotel
... una casa rural	... a guest house/bed and breakfast
... un alojamiento (un piso/apartamento) de alquiler	... a rental/rented accommodation
... un albergue juvenil	... a youth hostel
... un camping / una casa rodante / una caravana	... a campsite/a mobile home/a caravan
acampar ...	to camp ...
... en el bosque	... in a forest/in (the) woods
... en la costa / a la orilla de un lago / cerca de un río	... on the waterfront/by a lake/by a river
dormir en una tienda de campaña / pasar la noche al raso	to sleep in a tent/to go bivouacking
hacer senderismo / montar en bicicleta de montaña	to go hiking/mountain bike riding
pasar tiempo con la familia	to spend time with family
tomar el sol en el jardín	to sunbathe in the garden
dormir hasta el mediodía	to sleep in/sleep until noon
dormir la siesta	to take a nap
Normalmente paso las vacaciones en casa.	Usually, I spend my holidays at home.
Hacemos excursiones de un día en la región.	We go on day trips in the area.
Pasamos un día en un parque de atracciones / parque temático, con mis amigos.	With my friends, we spend a day in an amusement park/theme park.
Cada verano hago un curso/taller de música/teatro con un grupo de amigos.	Every summer, I go on a music/drama course/workshop with a group of friends.
Cuando hace buen tiempo, hacemos paseos/senderismo por el campo.	When the weather is nice, we go for walks/hikes outdoors.
Cuando no hace bueno / hace mal tiempo / llueve, me quedo en casa sin hacer nada / pensando en las musarañas. (col)	When the weather's bad/When it rains, I hang out at home.
Para mí, un día de vacaciones perfecto es pasar el día entero en la playa con mis amigos.	The ideal holiday for me is spending a whole day at the beach with friends.
Para mí, «vacaciones» significa desconectar de la rutina diaria.	For me, holidays are an escape from my daily routine.
Durante las vacaciones, me gusta descubrir nuevos paisajes.	During the holidays, I like to discover new scenery/landscapes.

Muchos jóvenes tienen un trabajo de verano y trabajan todas las vacaciones.

Many young people have a summer job and work throughout the holidays.

Cuando era pequeño(a), pasaba las vacaciones escolares en un campamento de verano.

When **I was little, I used to spend** the school holidays at a summer camp.

Las últimas vacaciones, pasé un mes en la casa de campo de los padres de mi novio.

Last holiday, **I spent** a month in my boyfriend's parents' house in the country.

Las próximas vacaciones voy a pasar una semana con mis abuelos.

During the **next** holidays, **I am going to spend** a week with my grandparents.

Cuando cumpla 18 años, pasaré las vacaciones trabajando de voluntario(a).

When I am 18, I will spend my holidays doing volunteer work.

¡Si pudiera, pasaría todas mis vacaciones haciendo cursos de buceo!

If I could, I would spend all my holidays doing diving courses!

irse por las ramas (id)

to talk about other things that have nothing to do with the topic (*lit: to beat around the bush*)

echar raíces (id)

to stay in one place (*lit: to take root*)

Viajar al extranjero

Holidays abroad

ir al extranjero (solo(a) / en grupo / en un viaje organizado)

to go abroad (alone/in a group/on an organized trip)

hacer una pasantía / unas prácticas de trabajo / un curso de verano

to go on an internship/to summer school

ir de viaje para aprender un idioma

to go on a language study holiday

hacer un viaje / un intercambio escolar

to go on a trip/on a school exchange

alojarse con una familia anfitriona

to stay with a host family

tener familiares/amigos(as) en el país

to have family/friends in the country

Mi viaje favorito fue cuando fui …

My favourite trip was when **I went** …

… a Cuzco.

… to Cusco.

… a Argentina.

… to Argentina.

… a Bogotá.

… to Bogotá.

… a los Estados Unidos.

… to the United States.

Salí a finales de julio y volví a finales de agosto.

I left at the end of July and **came back** at the end of August.

Me quedé allí (por) un mes.

I stayed there for a month.

El viaje duró 18 horas con una escala en el aeropuerto de Lima.

The journey **took** 18 hours with a stopover at Lima airport.

Cuando llegué, tomé un taxi al centro de la ciudad.

When **I arrived, I took** a taxi to the city centre.

Fui al hotel.

I went to the hotel.

Salí todos los días y vi muchos lugares.

I went out every day and **saw** a lot of places.

Visité museos y monumentos históricos.

I visited museums and historical monuments.

Descubrí lugares fascinantes.

I discovered fascinating places.

Conocí algunas personas muy simpáticas.

I met some very nice people.

Comí y bebí las especialidades locales.

I ate and **drank** local specialities.

Descansé algunos días en la playa.

I rested a few days on the beach.

Tuve un viaje inolvidable: disfruté mucho / lo pasé muy bien.

I had an unforgettable trip: **I really enjoyed myself/ I had a really good time**.

Pasé unas vacaciones fantásticas: no me aburrí ni un segundo.

I had an excellent holiday: **I wasn't bored/I didn't get bored** for a second.

¡Una cosa que me sorprendió en España fue la duración de las comidas!

One thing that surprised me in Spain was how long meals took!

Lo que me asombró durante mi viaje fue hasta qué punto vivimos vidas diferentes / similares.

What amazed me during my trip was to see what different/similar lives we live.

Lo único que no me gustó en España fue el desayuno.

The only thing I didn't like in Spain was breakfast.

Muchos de nosotros en el colegio tenemos familiares en varios países y vamos a verlos durante las vacaciones de verano.

Many of us at school have relatives in several countries and we visit them during the long holidays.

Dicen que «viajar abre la mente a los jóvenes» y estoy totalmente de acuerdo: ¡mi sueño sería dar la vuelta al mundo!

It is said that 'travel broadens the mind' and I totally agree: my dream would be to travel around the world!

Para mí, viajar al extranjero es fundamental para descubrir otras culturas y otras formas de vida.

For me, travelling abroad is essential (in order) to discover other cultures and ways of life.

Viajar es caro y sigue siendo un lujo para muchos.

Travel is expensive and remains a luxury for many.

El mundo es un pañuelo. (id)

It's a small world. (*lit: The world is a handkerchief.*)

«Viajar es imprescindible y la sed de viaje un síntoma neto de inteligencia.» (Enrique Jardiel Poncela)

'Travelling is essential and a thirst for travel is a clear sign of intelligence.' (Enrique Jardiel Poncela)

Ver 3 A

Los transportes

Transport

en avión (m) / en barco (m) / en autobús (m) / en tren (m)

by plane/by boat/by bus, coach/by train

en metro (m) / en tranvía (m) / en bicitaxi (m)

by underground/by tram(way)/by rickshaw

en coche (f) / en taxi (m)

by car/by taxi

a pie (m) / en bicicleta (f) / en moto (f)

on foot/by bicycle/by motorbike

Cuando vayamos a León, usaremos el transporte público. Es más interesante y más económico que un taxi.

When we go to León, we will use public transport. It's more interesting and cheaper than a taxi.

Cuando visite Santiago, tomaré el metro. ¡Tiene líneas que funcionan sin conductor!

When I visit Santiago, I will take the subway. It has lines that work without a driver!

Cuando obtenga mi licencia de conducir, me iré de vacaciones en coche porque puedes parar donde quieras.

When I get my driving licence, **I will go** on holiday by car because you can stop wherever you want.

¡En ruta!

Let's hit the road!

alquilar una bicicleta / un coche

to rent a bicycle/a car

tomar la autopista / la avenida / las carreteras secundarias

to take the motorway/the main road/the small roads

respetar el límite de velocidad

to observe the speed limit

exceder el límite de velocidad

to exceed the speed limit

conducir a 120 km por hora

to drive at 120 km per hour

parar / hacer paradas en un área de descanso

to stop/make stops at a service station

cargar (combustible) / recargar la batería

to fill up (with fuel)/to recharge the battery

estar en un atasco / embotellamiento

to get stuck in traffic/in a tailback/in traffic jams

tener una avería / quedarse sin gasolina / tener un fallo de motor

to break down/to run out of petrol/to have an engine failure

tener un accidente (en la ruta)

to have a (road) accident

hacer dedo (id)

to hitch-hike

Turismo: pros y contras

España es uno de los principales destinos turísticos del mundo.

Los turistas se sienten atraídos por el clima, la diversidad de los paisajes y la variedad de los sitios.

Muchos quieren aprovechar el rico patrimonio histórico, artístico y cultural.

Las infraestructuras turísticas son excelentes.

El turismo, como el ecoturismo / turismo rural, es bueno para la economía de una región pobre / de escasos recursos.

Los turistas pueden ayudar a las comunidades locales, por ejemplo comprando artesanías.

Cada vez más turistas son eco-responsables, es decir, respetan y protegen el entorno.

El turismo de masas puede poner en peligro enclaves naturales, tales como las playas del Mediterráneo.

El turismo puede tener un impacto negativo, especialmente con el aumento de la contaminación por los deshechos.

Algunos turistas se comportan de manera espantosa; de hecho, no respetan la cultura del país que visitan.

Tourism: pros and cons

Spain is one of the top tourist destinations in the world.

Tourists are attracted by the climate, the diversity of landscapes, and the variety of sites.

Many want to make the most of the rich historical, artistic, and cultural heritage.

The tourist infrastructure is excellent.

Tourism, **such as** green/farm tourism, is good for the economy of a poor region.

Tourists can help local communities, **for example** by buying local handicrafts.

More and more tourists are eco-responsible, **ie** (*or* **that is**) they respect and protect the local environment.

Mass tourism can endanger natural sites, **such as** Mediterranean beaches.

Tourism can have a negative impact, **especially** with an increase in waste pollution.

Some tourists behave in a shocking way; **indeed,** they do not respect the culture of the country they are visiting.

Fiestas y celebraciones	Official holidays in Spain
un feriado nacional / un día festivo religioso / de origen histórico	a national holiday/a holiday of religious origin/a holiday of historical origin
Día de Año Nuevo (1 de enero)	New Year's Day (1st January)
Domingo de Pascua (marzo o abril)	Easter Sunday (March or April)
Día del Trabajo (1 de mayo) o Día Internacional de los Trabajadores	May Day (1st May) or International Workers' Day
Día del Maestro	Teacher's Day
Día de la Madre	Mother's Day
Día del Padre	Father's Day
Día de la Independencia	Independence Day
Día de la Bandera	Flag Day
Día del Libro	Book Day
Día de Todos los Santos (1 de noviembre)	All Saints' Day (1st November)
Día de Navidad (25 de diciembre)	Christmas Day (25th December)
la bandera nacional / el himno nacional	national flag/anthem
las calles decoradas	decorated streets
un desfile militar / una manifestación sindical	military/trade union parade
los fuegos artificiales	fireworks
un baile popular / callejero	popular/street ball
una feria	funfair
un espectáculo callejero	street entertainment
celebraciones que duran varios días/varias semanas	celebrations lasting several days/weeks
Durante la pandemia de COVID-19, la mayoría de las celebraciones fueron canceladas.	During the COVID-19 pandemic, most celebrations **were cancelled**.
A menudo hacemos puente: no trabajamos entre el día festivo y el fin de semana.	People often **take a long weekend** and don't work between the holiday and the weekend.
El 1 de mayo es un feriado muy importante; nadie trabaja.	May 1st is a very important holiday, absolutely no one works.
La gran mayoría de los países latinoamericanos tiene un día de la independencia.	The vast majority of Latin American countries have an independence day.
Algunas celebraciones actuales en América Latina tienen su origen en los pueblos originarios.	Some celebrations in Latin America have their origin in indigenous peoples.
El Día de la Madre se celebra en diferentes fechas según el país.	Mother's Day **is celebrated** on different dates depending on the country.
El Día Internacional de la Mujer cobra cada vez más importancia debido a los movimientos por la igualdad de género.	International Women's Day is becoming **increasingly important** due to movements for gender equality.
Para el Día de Todos los Santos, muchos van al cementerio a limpiar las tumbas y poner crisantemos allí.	For All Saints' Day, **many people go** to the cemetery to clean graves and put chrysanthemums on them.
Durante los fines de semana largos, la gente se queda atascada en el tráfico.	During long weekends, **people get stuck** in traffic jams.
Mucha gente asiste al desfile de Carnaval.	**Many people attend** the Carnival parade.
De fiesta con la familia	Celebrating with the family
el nacimiento de un bebé / el bautismo / la circuncisión	birth of a baby/baptism/circumcision
la comunión / el bar mitzvah / el bat mitzvah	Communion/bar mitzvah/bat mitzvah

una ceremonia de iniciación / un rito de iniciación	initiation ceremony/a rite of passage
el compromiso	engagement
un matrimonio	marriage
el aniversario de boda	wedding anniversary
la reunión de primos	cousins' meet-up/cousinfest
un cumpleaños	birthday
la quinceañera	the *quinceañera* (15th birthday celebration for girls in Latin America)
la Nochebuena / la Nochevieja	Christmas Eve/New Year's Eve
un regalo *o* obsequio (de cumpleaños / boda / Navidad)	(birthday/wedding/Christmas) present (*or* gift)
una tarjeta de felicitación	greeting card
una canción tradicional	traditional song
ir a la iglesia / a la mezquita / a la sinagoga / al templo	to go to church/to the mosque/to the synagogue/to the temple
invitar a familiares / amigos	to invite family/friends
hacer una torta con velas	to make a cake with candles
preparar una comida especial	to prepare a special meal
vestirse con ropa de fiesta / elegante	to wear party/smart clothes
dar/intercambiar/recibir regalos	to give/exchange/receive gifts
enviar una tarjeta / flores	to send a card/flowers
desear un feliz cumpleaños / un feliz año nuevo	to wish (someone) Happy Birthday/Happy New Year
«¡Feliz Navidad!»	'Merry Christmas!'
«¡Feliz año (nuevo)!»	'Happy New Year!'
«¡Feliz cumpleaños!»/«¡Felices Fiestas!»	'Happy Birthday!'
«Feliz Día de la Madre / del Padre / del Niño»	'Happy Mother's/Father's/Children's Day!'

Mi fiesta favorita es la Navidad porque me encanta decorar el árbol y la casa.	My favourite special occasion is Christmas because I love decorating the tree and the house.
La Navidad es una celebración mágica para los más pequeños que creen en Papá Noel / Santa Claus.	Christmas is a magical occasion for children who believe in Father Christmas.
En Semana Santa, se organizan búsquedas de huevos de chocolate para los niños del barrio.	Chocolate egg hunts are organized for local children at Easter.
En muchos países de habla hispana se celebra el día de los Reyes Magos.	In many Spanish-speaking countries, the Three Kings Day is celebrated.
Por lo general, celebro mi cumpleaños haciendo una fiesta en mi casa.	I usually celebrate my birthday **by organizing** a party at my house.
En Pascuas comemos muchísimo chocolate.	At Easter, we eat a lot of chocolate.
Los enamorados celebran el Día de San Valentín, enviándose una tarjeta y dándose un pequeño obsequio.	Lovers celebrate Valentine's Day **by sending each other** a card and **giving each other** a small gift.
La quinceañera es una fiesta de los países latinoamericanos donde una adolescente es presentada en sociedad.	The *quinceañera* is a party in Latin American countries where an adolescent **is presented** to society.
En mi familia, celebramos la Pascua (Pascua judía) comiendo cordero y un pan especial.	In my family, we celebrate Pesach (the Jewish Passover) **by eating** lamb and a special bread.
En muchos países la gente se disfraza y hay un desfile de carrozas para el Carnaval.	In many countries, people dress up and there is a parade of floats for Carnival.
En los países latinos, hay un gran ambiente para el Carnaval y las celebraciones duran varias semanas.	In Latin countries, there is a great atmosphere for the Carnival and the celebrations last several weeks.

El Día del Amigo en Argentina es una oportunidad para conocerse y tomar juntos un aperitivo / picnic / buffet.

En mi familia, aunque no somos muy religiosos, todavía celebramos la Pascua.

Aunque no somos españoles, siempre seguimos la tradición de comer las doce uvas en Nochevieja.

Aunque nos vimos en Zoom o Skype, extrañamos mucho las celebraciones familiares durante el confinamiento por la COVID-19.

A caballo regalado no se le miran los dientes. (id)

Año nuevo, vida nueva. (id)

Friends' Day in Argentina is an opportunity to get to know each other over an aperitif/picnic/buffet.

In my family, **although we are not** very religious, we still celebrate Easter.

Although we are not Spanish, we always follow the 12-grape tradition on New Year's Eve.

Although we saw each other on Zoom or Skype, we really missed family occasions during the COVID-19 lockdown.

Don't look a gift horse in the mouth. *(lit: Don't look at the teeth of a gift horse.)*

The new year brings with it new illusions, hopes and resolutions. *(lit: New year, new life.)*

La importancia de las ocasiones especiales

un ritual familiar

una reunión amistosa / cálida

un gran encuentro nacional

permitir que la gente se encuentre

reunir a diferentes generaciones

transmitir tradiciones / valores

Durante la pandemia, nos dimos cuenta de lo importantes que son las celebraciones familiares.

Las grandes y alegres celebraciones como el Carnaval son una buena manera de despejar la mente.

Se encuentran celebraciones similares en diferentes culturas, pero cada cultura tiene también sus propios festivales.

Las tradiciones y los festivales están cambiando: los mercados de Navidad y la celebración de Halloween no eran una tradición española, pero ahora lo son.

Pienso que es fundamental hacer celebraciones para que podamos pasar un rato agradable juntos.

Encuentro las celebraciones nacionales esenciales porque reflejan la cultura y las tradiciones del país.

Creo que las navidades suelen ser difíciles para las familias que no pueden comprar regalos para los niños.

Opino que algunas fiestas son artificiales y en su mayoría comerciales, como Halloween o el Día de las Abuelas y los Abuelos.

The importance of special occasions

family ritual

friendly/welcoming gathering

large national gathering

to give people the opportunity to meet each other

to bring together different generations

to pass on traditions/values

During the pandemic, we realized how important family celebrations are.

Big, festive celebrations like Carnival are a great way to take your mind off things.

Similar celebrations can be found in different cultures, but each culture also has its own particular festivals.

Traditions and celebrations evolve: Christmas markets and Hallowe'en were not Spanish traditions, but are so now.

I think that it is essential to have celebrations to be able to have a good time together.

I think that national celebrations are essential as they reflect the culture and traditions of the country.

I believe that the festive season is often difficult for families who cannot afford to buy presents for their children.

I think that some celebrations are artificial and mostly commercial, like Hallowe'en or Grandmother's and Grandfather's Day.

Ingenio humano

A Los transportes

Trayectos escolares	School journeys
en autobús (m) / en metro (m) / en tranvía (m) / en bicitaxi (m)	by bus/by underground/by tram(way)/by rickshaw
en vehículo (m) / en taxi (m)	by car/by taxi
a pie (m) / en bicicleta (f) / en moto (f)	on foot/by bicycle/by motorbike
la línea de autobús / la línea de metro	bus route/underground line
la parada de autobús	bus stop
la estación de metro	underground station
caminar, ir (a algún lugar) a pie / andando	to walk, to go (somewhere) on foot
tomar transporte público	to use public transport
tomar diez minutos (en auto/coche)	to take ten minutes (by car)
Tomo el metro para ir a la escuela; es lo más rápido.	I take the metro/underground to go to school, it's the fastest.
No tomo el autobús porque hay demasiada gente.	I don't take the bus because it's too crowded.
Tomamos el autobús escolar / la combi porque es práctico.	We take the school bus/shuttle because it is convenient.
Cuando hace buen tiempo, voy a la escuela a pie o en bicicleta, pero cuando llueve, voy en autobús.	When the weather is good, I walk or cycle to school, but when it rains, I go by bus.
Me gusta tomar el bus porque tiene aire acondicionado.	I like to take the coach/bus because it's air-conditioned.
Mi padre me lleva a la escuela (en coche). Es cómodo, pero no muy ecológico.	My father takes me to school (by car). It's comfortable but not very ecological.
A menudo llego tarde a clase porque el autobús no llega a tiempo.	I am often late for class because the bus doesn't arrive on time.
Tardo menos tiempo en el autobús pero prefiero caminar: así hago ejercicio.	It takes me less time by bus, but I prefer walking: I get some exercise that way.
El viaje de la casa a la escuela es de aproximadamente media hora cuando no hay tráfico.	The journey from home to school is about half an hour when there is no traffic.
Viajes durante las vacaciones	Holiday travel
en avión (m) / en barco (m) / en autocar (m) / en tren (m)	by plane/by boat/by coach/by train
la estación de tren	rail station
la estación de autobuses	coach station
el puerto	harbour
el aeropuerto	airport
el billete/boleto de ida / de ida y vuelta	single/return (round-trip) ticket
un asiento (reservado)	(reserved) seat
el horario de (trenes / autobuses / autocares)	(train/bus/coach) timetable
La próxima salida es en cinco minutos.	The next departure is in five minutes.
¿Es directo o hay que cambiar / hacer trasbordo?	Is it direct or do you need to change?
Tiene(s) que cambiar. / Hay un trasbordo.	You need to change./There is one connection.
Tiene(s) que sellar el boleto / validar tu boleto.	The ticket must be stamped/validated.
El tren/ferry/avión está retrasado/lleno.	The train/the ferry/the flight is delayed/full.
El vuelo/la travesía está cancelado(a).	The flight/the crossing is cancelled.

"El próximo tren a Madrid saldrá del andén 2".

'The next train to Madrid will leave from platform 2.'

"Pasajeros del vuelo IB 508, diríjanse a la puerta número 6."

'Passengers on flight IB 508, please go to gate number 6.'

Me mareo en los viajes: siempre me encuentro mal en el coche/autobús/avión.

I suffer from travel sickness: I am always sick in the car/coach/plane.

Me mareo incluso cuando el mar está en calma, por lo que un crucero en un transatlántico está descartado.

I get seasick even when the sea is calm, so a cruise on a liner is out of the question!

Cuando visitamos una ciudad, tomamos el transporte público. Es más interesante y más barato que un taxi.

When we visit a town, we use public transport. It's more interesting and cheaper than a taxi.

Preferimos viajar en tren porque evitamos el tráfico y el coche es caro.

We prefer to travel by train because we avoid the traffic and a car is expensive.

Para viajes largos, el avión es mucho más rápido y menos agotador.

For long journeys, flying is much faster and less tiring.

El tren de alta velocidad es ecológico y económico.

The high speed train is eco-friendly and economical.

¡En la carretera!

On the road

alquilar un coche / un coche de alquiler

to rent a car/a rental car

tomar la autovía (f) / la carretera principal / las carreteras secundarias

to take the motorway/the main road/the small roads

respetar el límite de velocidad (f)

to observe the speed limit

exceder el límite de velocidad

to exceed the speed limit

conducir a 120 km por hora

to drive at 120 km per hour

parar / hacer paradas en un área de descanso

to stop/make stops at a service station

cargar (combustible) / recargar la batería

to fill up (with fuel)/recharge the battery

estar en un atasco / embotellamiento

to get stuck in traffic/in a tailback/in traffic jams

tener una avería / quedarse sin gasolina / tener un fallo de motor

to break down (to run out of petrol/engine failure)

tener un accidente en la ruta

to have a road accident

Tengo / No tengo carné / permiso de conducir.

I have/don't have a driving licence.

Tomo lecciones de manejo. / Estoy yendo a clases de conducir / al autoescuela.

I'm taking driving lessons.

Llevo un año conduciendo con supervisión / con una acompañante.

I have been driving for a year under supervision/as an accompanied driver.

Cuando obtenga mi licencia / permiso / carné, me iré de vacaciones en coche.

When I get my driving licence, **I will** go on holiday by car.

Cuando tenga suficiente dinero, compraré un auto/coche pequeño usado para poder ir a donde quiera.

When I have enough money, **I'll buy** a small second-hand car to be able to go where I want.

Conduce como un(a) loco(a). (id)

He drives really badly! *(lit: He drives like a crazy person.)*

El impacto del transporte en el medio ambiente

Impact of transport on the environment

los gases de escape

exhaust gases

los gases de efecto invernadero

greenhouse gases

la polución atmosférica

air pollution

el tráfico / el atasco / la congestión en las carreteras

traffic, congestion

el ruido / la contaminación acústica

noise/noise pollution

un vehículo eléctrico

electric vehicle

El transporte por carretera es la principal fuente de emisiones de CO_2 (dióxido de carbono).

Road transport is the largest source of CO_2 (carbon dioxide) emissions.

Los automóviles y camiones son responsables de la mayoría de las pequeñas partículas que contaminan el aire.

El transporte contribuye al calentamiento global.

La contaminación de las carreteras provoca enfermedades respiratorias.

En el futuro, necesitaremos utilizar el transporte ecológico para proteger el medio ambiente.

Será necesario reducir nuestra huella de carbono usando menos aviones y barcos.

Será necesario favorecer el transporte público no contaminante como los autobuses o las bicicletas eléctricas.

Para mí, el vehículo del futuro será el automóvil autónomo e inteligente que funcionará con electricidad verde.

Cars and lorries are responsible for the majority of fine particles that pollute the air.

Transport contributes to global warming.

Road pollution causes respiratory diseases.

In the future, **we will have to use** environmentally friendly transport to protect the environment.

It will be necessary to reduce our carbon footprint by using planes and ships less often.

We will have to favour non-polluting public transport such as electric buses or bicycles.

For me, the vehicle of the future **will be** the self-driving smart car that **will run** on green electricity.

Entretenimiento cultural en casa	Cultural entertainment at home
la televisión	television
la radio	radio
la lectura	reading
la música	music
los juegos de mesa / videojuegos	board games/video games
ver / escuchar un programa …	to watch/to listen to …
… de telerealidad (f)	… a reality show
… de música (f)	… a music show (or programme)
… musical / de música popular	… a musical/popular music programme
… de deportes (m)	… a sports programme
… de cocina (f)	… a cooking show
… de decoración (f)	… a decorating show
entretenerse / divertirse	to entertain oneself/to have fun
cultivarse	to broaden one's knowledge
descargar música / películas	to download music/films
escuchar un podcast	to listen to a podcast
practicar una actividad artística	to do an artistic activity
conectarse a Internet para ver vídeos musicales / películas / tutoriales	to go on the internet to watch song clips/films/tutorials
jugar a los videojuegos en red	to play video games online
No escucho mucho la radio, excepto algunos programas de música.	I don't listen to the radio much, except for some music programmes.
¿Cuáles son tus programas de televisión favoritos?	What are your favourite television shows?
Yo no veo la televisión excepto cuando hay buenas películas o buenos documentales.	I don't watch television **myself**, except when there are good films or documentaries on.
Personalmente, prefiero los programas de entretenimiento como los de concursos.	**Personally,** I prefer entertainment programmes, such as game shows.
En lo que a mí se refiere, no soporto los 'reality shows'.	**As far as I'm concerned,** I can't stand reality shows.
En cuanto a mí, mirar televisión me molesta porque hay demasiados anuncios comerciales durante las películas.	**As for me,** watching television annoys me because there are too many commercials during television movies.
Personalmente, me encanta relajarme y ver programas de entretenimiento, tales como…	**I personally** love to relax in front of entertaining programmes such as …
Por mi parte, soy completamente adicto a las telenovelas y series, como …	**I, for one,** am completely addicted to soap operas and series, like …
Me gusta escuchar podcasts porque puedo hacer otras cosas al mismo tiempo.	I like listening to podcasts because I can do something else at the same time.
Cuando era pequeño, nunca me perdía los dibujos animados y los programas para niños.	When I was little, I never missed cartoons and children's programmes.
¿Lees mucho?	Do you read a lot?
Leo principalmente novelas / cuentos / revistas.	I mostly read novels/short stories/magazines.
Cuando era más joven leía principalmente cómics/manga.	When I was younger, I read mostly comics/manga.
Mi autor/escritor favorito es…	My favourite author/writer is …
El último libro que leí fue … . Cuenta la historia de … / La trama trata sobre …	The last book I read was … . It tells the story of … / The plot is about …

Siempre me ha gustado leer porque gracias a los libros descubro vidas y culturas diferentes.

I have always liked reading because through books I learn about different lives and cultures.

una novela rosa (id)

a cheesy romance novel (*lit: a rose novel*)

En las películas románticas los protagonistas siempre encuentran a su media naranja. (id)

In romantic movies, the protagonists always find their better half. (*lit: the other half of the orange*)

Arte y entretenimiento

Arts and performances

el cine — cinema

el teatro — theatre

el concierto — concert

una exposición — exhibition

una obra de arte — work of art

las bellas artes — fine arts

ir a ver ... — to go and see ...

... una película — ... a film

... una obra de teatro — ... a play

... un musical — ... a musical

... una ópera — ... an opera

asistir a un concierto / un espectáculo (de circo/ títeres/guiñoles) — to attend a concert/a (circus/puppet) show

ver a un artista actuar en el escenario — to see an artist perform on stage

visitar una exposición — to visit an exhibition

descubrir un artista (una artista) / un pintor (una pintora) / un escultor (una escultora) / un músico (una música) / un actor (una actriz) — to discover an artist/a painter/a sculptor/a musician/an actor

Mis tipos de películas favoritas son ... — My favourite kinds of films are ...

... las películas de acción (f) / de aventuras (f) / de terror (f) / de ciencia ficción (f) — ... action/adventure/horror/science fiction films

... las comedias (románticas) — ... (romantic) comedies

... los dramas (históricos) — ... (historical) dramas

... las de suspenso/suspense — ... thrillers

... las películas de detectives / policiacas — ... crime films

... los grandes clásicos — ... the great classics

Escucho todo tipo de música, pero me gusta especialmente... — I listen to all kinds of music, but I especially like ...

... el pop/el rock/el hip-hop/el jazz — ... pop/rock/hip-hop/jazz

... la música clásica/tradicional/floclórica — ... /classical music/traditional music/folk songs

Mi cantante favorito es / Mi banda favorita es... — My favourite singer is ... / My favourite band is ...

Me interesa mucho el arte, especialmente la fotografía / la pintura / la escultura / el dibujo. — I am very interested in art, especially photography/ painting/sculpture/drawing.

A menudo voy al cine para ver las películas más recientes. — I **often** go to the cinema to see the latest films.

Veo películas en español en versión original con subtítulos, con la mayor frecuencia posible. — **As often as possible,** I watch Spanish films in their original version with subtitles.

De vez en cuando, voy a ver obras de teatro con la escuela. — **From time to time,** I go to see theatre plays with the school.

Raramente voy a ver espectáculos porque no hay salas de espectáculos cerca de mi casa. — I **rarely** go to see shows because there are no performance halls near me.

Desde la crisis sanitaria, realizo visitas virtuales a museos regularmente. — Since the health crisis, I **regularly** go on virtual tours of museums.

Nunca he visto espectáculos de ballet/danza clásica o danza contemporánea.

I have **never** seen any ballet/classical or contemporary dance performances.

Cuando era pequeño, mi padre siempre me llevaba al circo durante las vacaciones.

When I was a child, my father **always** took me to the circus during the holidays.

La última película que vi fue X, una película de ciencia ficción. El guión, el elenco y los efectos especiales me parecieron impresionantes.

The last film I saw was X, a science-fiction film. I found the story, the actors and the special effects sensational.

Nunca olvidaré la primera vez que vi a mi banda favorita en el escenario. ¡Fue increíble!

I will never forget when I saw my favourite band on stage for the first time. It was magical!

Hay formas de entretenimiento que son universales y otras que son exclusivas de un país.

There are forms of entertainment that are universal and others that are unique to a country.

Los espectáculos en vivo tuvieron que detenerse durante la pandemia de COVID-19.

Live performances had to stop during the COVID-19 pandemic.

la gran pantalla (id)

cinema (*lit: the big screen*)

Celebraciones (f) y festivales (m)

Celebrations and festivals

un feriado (o un festival) nacional / regional / local

national/regional/local festival

un día festivo

holiday, public holiday

un festival de música (f) / teatro (m) / cine (m) / cómic (m)

music/theatre/film/comic strip festival

celebrar el folklore y las tradiciones

to celebrate folklore and traditions

promover el arte y la cultura de una región / un país

to publicize the art and culture of a region/country

mantener vivo el patrimonio / la herencia cultural

to keep the cultural heritage alive

atraer asistentes al festival

to attract festival-goers

tener lugar en (+ *lugar*)

to take place in (+ *place*)

Durante esta fiesta, cantamos y bailamos, comemos y bebemos ¡y lo pasamos genial!

During this celebration, people sing and dance, eat and drink, and have fun!

Hay muchos festivales en el mundo hispanohablante.

There are many festivals in the Spanish-speaking world.

El 23 de abril es el día de la lengua española.

April 23rd is the day of the Spanish language.

En la Noche de los Museos de Cartagena, todos los museos permanecen abiertos hasta altas horas de la noche y reciben a miles de visitantes.

On the Night of the Museums of Cartagena, all the museums remain open until late at night and receive thousands of visitors.

Quisiera ir a un gran festival de música porque parece que hay muy buen ambiente.

I'd like to go to a big music festival because the atmosphere sounds great.

Tengo (la) intención de ir a un festival de tango, porque me encanta esta música.

I intend to go to a tango festival because I am a fan of this music.

Un día voy a organizar una Fiesta de Vecinos en mi barrio, como se hace en Francia y en otros países.

One day, I will organize a Neighbours' Day in my neighbourhood, as it is done in France and other countries.

Espero ir un día al Festival Internacional de Teatro en Buenos Aires, uno de los festivales de teatro más importantes del mundo.

I hope one day to go to the International Theatre Festival in Buenos Aires, one of the most important theatre festivals in the world.

Mi sueño sería asistir a algunos de los festejos de carnaval en Latinoamérica, porque se ven espectaculares.

My dream would be to attend some of the carnival festivities in Latin America, because they look spectacular.

El tango ha sido declarado patrimonio cultural de la humanidad por la UNESCO en el 2009.

Tango has been declared a cultural heritage of humanity by UNESCO in 2009.

Los grandes eventos culturales nos permiten descubrir el patrimonio cultural de un país.

Major cultural events allow us to discover the cultural heritage of a country.

darle a alguien las uvas (id)

to be late (*lit: to give them the grapes*)

No veo la hora (de ver a mis amigos). (id)

I cannot wait (to see my friends). (*lit: I do not see the hour (to see my friends).*)

C Medios de comunicación

La prensa escrita	Written press
un periódico de papel / en línea	printed/online newspaper
la prensa (gratis)	(free) press
la prensa rosa / sensacionalista	celebrity press/tabloids
un periódico regional/nacional	regional/national daily paper
un periódico semanal / mensual / quincenal	weekly/monthly/bi-monthly paper
una revista de deportes/música/ciencia/tecnología/informática/política/economía/moda/cocina/jardinería	magazine about sports/music/science/technology/computer science/politics/economy/fashion/cooking/gardening
un(a) lector(a)	reader
un(a) periodista	journalist
un(a) reportero(a)	reporter
un corresponsal internacional, enviado especial	international correspondent, special reporter
un(a) jefe/jefa de redacción	editor (in chief)
un artículo	article
los anuncios clasificados	small ads
las cartas de los lectores / las cartas al editor	readers' letters/letters to the editor
una crítica / reseña (sobre una película/un libro)	(film/book) review
las noticias internacionales / nacionales / de política / culturales / deportivas	international/national/political/cultural/sports news
un evento / una noticia	event/news item
un comunicado de prensa	news release
aparecer en los titulares	to make the headlines
estar en la portada de los diarios	to be on the front page of the newspapers
estar en los puestos de periódicos	to be on the newsstands
comprar el periódico	to buy the paper
suscribirse a una revista	to subscribe to a magazine
hojear una revista	to leaf through a magazine
Apareció en la prensa / en los periódicos.	It was in the press/newspapers.
Mis padres leen los periódicos locales para saber qué está pasando.	My parents read the local newspapers to find out what's happening.
Tengo una suscripción a … / Estoy suscrito a una revista de fútbol.	I have a subscription to …/I subscribe to a football magazine.
En un periódico, solo leo las páginas sobre las celebridades / los famosos.	In a newspaper, I **only** read the celebrity pages.
Solo leo periódicos digitales, en mi móvil.	I **only** read newspapers online, on my mobile.
En esta revista, ¡únicamente me interesa la página del consultorio sentimental!	In this magazine, I am **only** interested in the agony column/problem page.
Cada vez más personas leen un periódico o una revista solamente en soportes digitales.	More and more people read a newspaper or magazine **only** on a digital platform.
Estoy convencido(a) de que la libertad de prensa es fundamental.	I am convinced that freedom of the press is essential.
la prensa del corazón (id)	press about the love life of celebrities (*lit: heart press*)

La radio y la televisión	Radio and television
un canal público / privado	state/private channel
un canal de televisión por cable / de pago	cable/subscription channel
un canal especializado	specialized channel
un servicio de 'streaming'	streaming service
una estación de radio	radio station
un(a) espectador(a)	viewer
un(a) oyente	listener
el público, la audiencia	public, audience
el/la presentador(a)	presenter, newsreader
el animador	host, presenter
un(a) corresponsal de guerra / en el extranjero	war/foreign correspondent
un(a) corresponsal especial	special correspondent
la programación de radio/televisión	television/radio listings
una noticia de última hora	newsflash
un reportaje	report
un encuesta de la calle	vox pop, street interview
una entrevista (con)	interview (with)
un debate / una mesa redonda / un programa de entrevistas	debate/round table/talk show
un programa con llamadas de los oyentes	phone-in programme
las noticias	the news
una transmisión con público en directo / una repetición	live/replay/catch-up programme
un espectáculo grabado en un plató o en un estudio / en directo	a programme recorded in the studio/with a live audience
transmitir un programa	to broadcast a programme
volver a emitir	to re-run
cambiar de canal / hacer 'zapping'	to flick through channels
estar en vivo / grabado	to be live/pre-recorded
Está en la tele(visión) / radio.	It's on television/radio.
La televisión y la radio son una ventana al mundo.	Television and radio are a window on the world.
Por la mañana, escucho la radio cuando me preparo (para salir).	**In the morning,** I listen to the radio when I'm getting ready (to go out).
Por las tardes, después de la escuela, veo la televisión para saber qué está pasando.	**In the afternoon,** after school, I watch television to see what's going on.
Por la noche, en familia, nos gusta ver documentales que nos ayuden a descubrir el mundo.	**In the evening** with my family, we like watching documentaries that help us find out about the world.
Los fines de semana, veo programas políticos porque quiero entender los temas de actualidad.	**At the weekend,** I watch political programmes because I want to understand current affairs.
La televisión ha sido un buen medio de información y educación durante la pandemia de COVID-19.	Television was a good way to get information and education during the COVID-19 pandemic.
Hay que saber elegir los programas porque no todo es interesante.	You have to know what to choose in the programmes because not everything is interesting.
Algunas personas acusan a la televisión de mostrar demasiada violencia.	Some people accuse television of showing too much violence.
Para muchos, la publicidad televisiva influye demasiado en la gente, particularmente en los niños.	For many, television ads have too much influence on children in particular.
La televisión es el opio del pueblo. (id)	Television is the opium of the people.

Internet y las redes sociales	The internet and social media
internet / la web o la red	internet/the Web
un(a) usuario(a) de internet	internet user
un sitio web de noticias	news website
las redes sociales	social media
una red social para compartir / establecer contactos / enviar mensajes	sharing/networking/messaging social network
un servicio de noticias/debate	news/discussion feed
un hilo	thread
un hashtag	hashtag
un chat	(internet) chat
un filtro burbuja / una burbuja en las redes sociales	filter bubble/social media bubble
la mensajería instantánea	instant messaging, chat
un documento / una carpeta	a file/a folder
subir / descargar	to upload/to download
guardar / eliminar	to save/to delete
conectarse a internet / entrar en una red social	to go online/on a social network
navegar por internet	to surf the net/to browse
suscribirse a una cuenta de Instagram	to subscribe to an Instagram account
tener suscriptores/seguidores	to have subscribers/followers
seguir un blog	to follow a blog
darle 'like'/'me gusta' a una página	to 'like' a page
hacer clic en 'me gusta'	to click 'like'/to 'like'
compartir una publicación	to share a post
hacer un comentario	to comment
publicar un post/una entrada (en un blog)	to publish a (blog)post
participar en discusiones en línea	to take part in online discussions
compartir / subir fotos	to share/post photos
actualizar su/tu perfil	to update your profile
tener acceso inmediato a las noticias	to have instant access to the news
seguir las noticias en vivo	to follow the news live
Mi principal fuente de información es internet.	My main source of information is the internet.
Me mantengo al tanto de lo que sucede gracias a Internet.	I keep up-to-date with what's going on, **thanks to** the internet.
Puedo seguir a mis celebridades favoritas en sus cuentas de Instagram o Twitter.	**I can follow** my favourite celebrities on their Instagram or Twitter accounts.
Skype o Zoom y la mensajería instantánea me permiten mantenerme en contacto con mi familia/amigos en todo el mundo.	Skype or Zoom and instant messaging **allow me to** keep in touch with my family/friends all over the world.
He hecho muchos amigos a través de las redes sociales.	I have made many friends **through** social networks.
He leído que más del 90% de los jóvenes de 13 a 19 años utilizan internet y pasan más de 13 horas a la semana conectados.	**I read that** more than 90% of 13–19-year-olds use the internet and spend more than 13 hours a week on it.
Vi en alguna parte que estamos registrados en promedio en tres redes sociales.	**I saw somewhere that** we are registered on three social networks on average.

Redes sociales: su lado positivo

la comunicación

compartir

intercambiar ideas

el acceso a la información

contenidos personalizados

gratuito

hacer una red de amigos

ser parte de un grupo con los mismos intereses

reducir la soledad de las personas aisladas

La información puede volverse viral / crear un revuelo muy rápidamente.

Durante la pandemia, intercambiamos muchas cosas divertidas en las redes, para reírnos y para mantener el buen ánimo.

Me parece genial poder comunicarme con personas de todo el mundo.

Me parece genial que las redes puedan romper fronteras.

Me parece fantástico poder encontrar y mantenerme en contacto con amigos a través de las redes sociales.

Me parece fantástico que las redes sociales puedan ayudar a difundir movimientos sociales como #Niunamenos.

... y su lado negativo

la adicción/dependencia a las redes

el ciberacoso

las noticias falsas / 'fake news'

la usurpación de la identidad

el jaqueo

ser víctima (f) de acoso / de intimidación

conocer a personas malintencionadas

Mis amigos no pueden hacer nada sin sus teléfonos móviles.

¡Verifico si he recibido mensajes/notificaciones tan pronto como me despierto!

Miro mi teléfono tan pronto como recibo un mensaje / una notificación.

Debo decir que extraño mis redes sociales cuando no estoy en línea.

Admito que los mensajes / las notificaciones me distraen de mi trabajo.

Se observa que en las redes creamos una imagen que no siempre se parece a la realidad.

Se constata que las redes sociales pueden aislar a las personas en una realidad virtual.

No se puede negar que a menudo nos comparamos con otros en las redes sociales y eso a veces puede afectar nuestra salud mental.

Social networks: the positives

communication

to share

to exchange ideas

access to information

personalized content

being free of charge/free

to make a network of friends

to be part of a group with the same interests

to reduce the loneliness of isolated people

Information can go viral/create a buzz very quickly.

During the pandemic, we exchanged a lot of funny things on networks, for a laugh, and to keep our morale up.

I think it is great to be able to communicate with people from all over the world.

I think it's great that networks **can** break down boundaries.

I think it's fantastic to be able to locate and keep in touch with friends through social networks.

I think it's fantastic that social networks **can** help spread social movements like #Niunamenos.

... and the negatives

addiction to networks

cyberbullying

fake news

identity theft

hacking

to be a victim of harassment/bullying

to meet ill-intentioned people

My friends can't do anything without their mobile phones.

I check my notifications as soon as I wake up!

I check my phone whenever I get a notification.

I must say that I miss my networks when I am not connected.

I must admit that notifications distract me from my work.

We observe that on social networks, we create an image for ourselves that does not always match reality.

We see that networks can isolate people in a virtual reality.

It cannot be denied that we often compare ourselves to others on the networks and this can sometimes affect our mental health.

He sido víctima de burlas y acoso en internet.

I have been the victim of mockery and bullying on the net.

Los acosadores permanecen en el anonimato y se esconden detrás de un nombre de usuario falso.

Bullies remain anonymous and hide behind a false user name.

La información difundida en las redes sociales no siempre es confiable / de fiar.

The information spread on social networks is not always reliable.

Con los 'deepfake' vídeos, ¡ya no sabemos qué es verdad y qué no!

With deepfake videos, we no longer know what is real and what is not!

Las noticias falsas / Los rumores se propagan muy rápidamente en las redes sociales.

Fake news/Rumours spread very quickly on social networks.

Precauciones a tomar

Precautions we can take

Protejo mi perfil en línea.

I protect my online profile.

Utilizo un nombre de usuario / contraseñas (fpl) / un avatar.

I use a username/passwords/avatar.

Mi cuenta es privada.

My account is private.

Tengo cuidado con lo que publico en línea.

I am careful about what I post online.

Nunca publico fotos comprometedoras en las redes.

I never post compromising photos online.

No quiero engancharme demasiado, así que desactivé las notificaciones en mi teléfono celular / móvil.

I don't want to get addicted so I turned the notifications off on my phone.

Debemos pensar detenidamente antes de publicar o comentar.

You should/need to think carefully before posting or commenting.

Siempre debes verificar cualquier información antes de compartirla.

You must always check a piece of information before sharing it.

Es necesario aprender a distinguir entre información real o falsa.

You need to learn how to distinguish between real news and fake news.

Es esencial respetar la vida privada de la gente.

It is essential to respect people's privacy.

Es indispensable que mantenga(s) protegidos tus datos privados y que gestione(s) tu/su configuración de confidencialidad.

You absolutely must keep your private data private and manage your privacy settings.

D La tecnología

La informática en la vida cotidiana	IT in everyday life
un teléfono móvil / un celular	mobile (phone) (*or* cellphone)
una tableta	tablet
una aplicación / una 'app'	application/app
una videollamada	video call
un correo electrónico	email
un libro digital / 'e-reader' / 'e-book'	digital book *or* e-book/e-reader/e-book
un assitente virtual (controlado por la voz)	(voice-controlled) smart speaker
una consola (de juegos)	game console
los auriculares/cascos	headphones/earphones
la conexión a internet	internet connection
el wi-fi	wi-fi
un paquete de internet, telefonía móvil y televisión / un producto integrado	phone package/bundle
un proveedor de internet	internet provider
el navegador	browser
un ordenador / una computadora	computer
una impresora / un escáner	printer/scanner
un programa	software
una tarjeta de memoria / un lápiz USB	memory card/USB stick
una pantalla / un teclado / un ratón / una cámara web	screen, monitor/keyboard/mouse/webcam
seleccionar un archivo	to select a file
hacer clic en un enlace	to click on a link
copiar y pegar	to copy and paste
guardar / eliminar un documento	to save/to delete a document
enviar / reenviar un correo electrónico (*o* email)	to send/to forward an email
recibir spam/correo basura	to receive spam/junk mail
adjuntar un archivo / enviar como adjunto	to attach a file/to send as an attachment

Las computadoras se utilizan ahora en casi todos los aspectos de nuestra vida diaria.

We now use computers in almost every aspect of our daily lives.

Uso mi computadora/ordenador para …

... escribir mi tarea / mis deberes.

... hacer investigación.

... almacenar mis fotos.

... hacer cursos en línea.

I use my computer to …

... write up my homework.

... do research.

... store my photos.

... do lessons online.

Utilizo mi celular / móvil para …

... enviar mensajes de texto/SMS.

... ver mis redes sociales.

... tomar / sacar / hacer fotos.

... jugar juegos.

... mirar la hora.

... hacer llamadas.

I use my mobile phone to …

... send texts/SMS.

... go on social networks.

... take photos.

... play games.

... check the time.

... to make calls.

Mis aplicaciones son útiles para …

... desplazarme (usando los mapas).

... utilizar transporte público.

My apps **are useful to** …

... move around (with the maps).

... use public transport.

... chequear el clima / comprobar qué tiempo va a hacer.

... escuchar música.

... editar mis fotos.

... mirar películas.

... ordenar / pedir comida a domicilio.

... consultar los resultados deportivos.

Utilizo una VPN (red privada virtual) en mi tableta para poder ver (la) televisión de países de habla hispana.

Durante el confinamiento, toda la familia usó una computadora / un ordenador para trabajar.

Desafortunadamente, muchos niños no tenían acceso a una computadora / un ordenador o Internet para seguir las clases virtuales.

La informática nos permite descubrir nuevas culturas y comunicarnos libremente con el mundo entero.

Gracias a la informática, ahora se puede acceder a la fuente de información más grande del mundo con tan sólo unos clics.

... check the weather forecast.

... listen to music.

... edit my photos.

... watch films.

... order takeaway meals.

... have the sports results.

I use a VPN (virtual private network) on my tablet to watch television from Spanish-speaking countries.

During lockdown, the whole family used computers to work.

Unfortunately, many children did not have access to a computer or the internet in order to have online lessons.

Computers allow you to discover new cultures and communicate freely with the whole world.

Thanks to computers, the world's largest source of information is now just a few clicks away.

El impacto positivo de la ciencia y la tecnología — Positive impact of science and technology

el progreso tecnológico / científico	technological/scientific progress
los avances científicos	scientific advances
el electrodoméstico	household appliance
la casa inteligente	smart home
el auto / coche electrónico	electric car
las TIC (Tecnologías de la Información y la Comunicación)	ICT (information and communication technologies)
la tecnología digital	digital technology
la robótica	robotics
la inteligencia artificial (IA)	artificial intelligence (AI)
hacer la vida diaria más fácil	to make everyday life easier
ganar tiempo	to save time
hacer que ciertas tareas (f) sean menos tediosas	to make certain tasks less tedious
mejorar el nivel de vida / las condiciones de vida	to improve the standard of living/living conditions
Las tecnologías forman parte de nuestra vida diaria.	Technology is part of our daily lives.

En mi opinión, ¡internet es el mejor invento de la humanidad!

With the internet, more and more people shop online because it is convenient.

Con internet, compramos cada vez más en línea porque es práctico.

In my opinion, the internet is mankind's greatest invention!

Algunos inventos (como la lavadora, el microondas o la aspiradora) han facilitado la realización de las tareas del hogar.

Inventions have simplified household chores with, for example, the washing machine, the microwave oven, or the vacuum cleaner.

Las innovaciones tecnológicas continúan mejorando nuestro confort con el hogar inteligente.

Technological innovations continue to improve our comfort, with the smart home.

Puede(s) encender la luz, encender la calefacción, reproducir música o realizar una búsqueda rápida hablando a un asistente virtual controlado por la voz.

You can switch on the lights, turn on the heating, play music, or do a quick search by talking to a smart speaker.

En la escuela, la pizarra interactiva hace que las lecciones sean más interesantes.

At school, the interactive whiteboard makes lessons more interesting.

Los beneficios de las nuevas tecnologías son innegables en el mundo laboral; la videoconferencia es solo un ejemplo.

The benefits of new technologies are undeniable in the world of work, for instance with video conferencing.

Ahora puede(s) teletrabajar / trabajar desde casa, lo que limita los viajes y reduce la contaminación.

It is now possible to work from home, which reduces travel and pollution.

El GPS es una innovación que ha hecho que nuestros viajes sean más fáciles y seguros.

GPS is an innovation which made travelling easier and safer.

Las nuevas tecnologías se desarrollan constantemente en el sector de la salud.

New technologies are constantly emerging in the field of health.

Estamos tratando cada vez más enfermedades que antes eran incurables.

We treat more and more diseases that were previously incurable.

Mejoramos las condiciones de vida de las personas con discapacidad, por ejemplo, con prótesis impresas en 3D.

The living conditions of people with a disability are being improved, for example, with 3-D printed prosthetics.

Las imágenes de satélite y los algoritmos ayudan a los científicos a predecir ciertos desastres naturales, como terremotos o erupciones volcánicas.

Satellite images and algorithms help scientists predict certain natural disasters, such as earthquakes or volcanic eruptions.

Sin internet, no habría podido continuar mis clases de forma remota durante la crisis sanitaria.

Without the internet, I **would not have been able** to continue my online lessons during the health crisis.

Sin la computadora, mis padres no hubieran podido trabajar desde casa durante el confinamiento por la COVID-19.

Without the computer, my parents **would not have been able** to work at home during the COVID-19 lockdown.

Sin los avances científicos, no hubiéramos creado vacunas contra la COVID-19 tan rápidamente.

Without scientific advances, vaccines against COVID-19 **would not have been created** so quickly.

Efectos adversos

Undesirable effects

Algunas personas afirman que las ondas electromagnéticas de los teléfonos móviles son perjudiciales para nuestra salud.

Some people claim that electromagnetic waves from mobile phones are harmful to our health.

Muchos(as) están convencidos(as) de que la luz azul de nuestras pantallas nos impide dormir bien.

Many are convinced that the blue light from our screens prevents us from sleeping well.

Se dice que la hiperconectividad puede afectar la salud mental de los jóvenes.

People say that hyperconnectivity can affect the mental health of young people.

Algunas personas hablan de adicción cibernética.

Some talk about computer/internet addiction.

Según la Organización Mundial de la Salud, el trastorno por uso de videojuegos es una enfermedad.

According to the World Health Organization, video gaming disorder is an illness.

Según algunos, garantizar la confidencialidad de los datos personales podría convertirse en un problema importante.

According to some, ensuring the confidentiality of personal data could become a major problem.

Para otros, existen muchas cuestiones éticas en los campos de la ciencia y la medicina.

For others, there are many ethical problems in science and medicine.

Organización social

A El barrio

Mi casa	My home
un cuarto / una habitación	room
un dormitorio	bedroom
una sala de estar / un 'living' / un salón	sitting room/lounge/living room
un comedor	dining room
un salón comedor	combined living/dining room
una oficina / un estudio	study
una cocina	kitchen
un (cuarto de) baño	bathroom
un inodoro	toilet
un balcón	balcony
un porche	veranda
un jardín	garden
un sótano	cellar, basement
un garage	garage
vivir en ...	to live in ...
... una casa	... a house
... un piso/departamento/apartamento (planta baja/primer piso)	... a (ground floor/1st floor) flat/apartment
... un edificio	... a building
... una torre / un rascacielos	... a tower block/skyscraper
... un complejo de propiedades privadas	... a private housing development
... una urbanización	... a housing estate

En mi casa hay cinco habitaciones. Es grande y cómoda / bastante antigua y básica.

There are five rooms in my house. It is big and comfortable/quite old and basic.

Me gusta mi casa porque es grande y luminosa.

I like my house because it is big and bright.

Odio nuestro apartamento porque es pequeño y oscuro.

I hate our flat because it is small and dark.

Tengo que compartir mi habitación con mi hermano(a).

I have to share my room with my brother/sister.

Vivimos en una casa antigua tradicional de piedra/madera.

We live in a traditional old stone/wooden house.

Vivimos en un apartamento grande y moderno en el piso 25 de una torre.

We live in a big modern apartment on the 25th floor of a tower block.

Antes vivía en un apartamento en un edificio antiguo y ahora vivo en una hermosa casa con jardín.

I used to live in an apartment in an old building and now I live in a nice house with a garden.

En mi casa ideal / la casa de mis sueños, habría habitaciones en suite (con baño) y una piscina.

In my ideal house/dream house there would be guest rooms with en suite bathrooms and a swimming pool.

Me gustaría cambiar la decoración de mi habitación y pintarla de azul.

I would like to change the decoration of my room and paint it blue.

Si pudiera, viviría en una casa de campo aislada junto al mar o en un chalet en las montañas.

If I could, I would live in a secluded villa by the sea or in a chalet in the mountains.

Acabamos de mudarnos a un alojamiento de la empresa proporcionado por el bufete de mi padre.

We have just moved into company accommodation provided by my father's firm.

Mis padres acaban de comprar / alquilar un apartamento de lujo en un condominio.

My parents **have just** bought/rented a luxury flat in a gated estate.

Vamos a tirar la casa por la ventana. (id)

We're going to push the boat out. (*lit: We are going to throw the house out the window.*)

En torno a mi casa

The area where I live

un pueblo / una aldea

village

un pueblo / una localidad

town

una calle (tranquila / animada / comercial / peatonal)

(quiet/busy/shopping/pedestrian) street

un barrio (residencial / turístico / comercial / industrial) / la zona comercial / financiera

(residential/touristy/shopping/industrial) area/the business district

un barrio a las afueras (tranquilo / animado / apartado)

(quiet/lively/remote) suburb

una tienda / una boutique / unos grandes almacenes

shop/boutique/department store

un mercado / un supermercado / un hipermercado

market/supermarket/superstore

un centro comercial

shopping centre/mall

un(a) vecino(a)

neighbour

ir a restaurantes / cafés / cafeterías en el vecindario

to go to restaurants/cafes in the area

ir de compras a tiendas locales

to go shopping in local shops

tener vecinos agradables / cálidos / hospitalarios

to have nice/warm/welcoming neighbours

socializar / sociabilizar / hacerse amigo de la gente del lugar

to socialize/become friends with local people

Vivo en el centro de X / en el barrio de X, la capital de X.

I live in the centre of X/in the suburbs of X, the capital of X.

Vivimos en un pueblo en el campo / un pequeño pueblo en la montaña / una gran ciudad junto al mar.

We live in a village in the countryside/a small town in the mountains/a big city by the sea.

Vivo en un bonito pueblo y los lugareños son en general muy agradables.

I live in a nice village and the people are generally very kind.

No me gusta mi barrio porque los vecinos son fríos / distantes / ruidosos.

I don't like my area because the neighbours are cold/distant/noisy.

Tenemos todas las tiendas esenciales cerca de mi casa: una panadería, una tienda de comestibles, un comerciante de frutas y verduras, etc.

We have all essential shops within walking distance: a bakery, a grocery store, a greengrocer, etc.

La gente del lugar se reúne en la iglesia / mezquita / sinagoga / en parques.

Local people gather at the church/mosque/synagogue/in the parks.

Todos los años celebramos las fiestas del barrio: crea un espíritu de convivencia entre los vecinos del barrio.

Every year, we celebrate a neighbourhood party: it creates a spirit of conviviality between the residents of the area.

Durante la pandemia de COVID-19, creamos un grupo de Whatsapp entre vecinos para ayudar a los ancianos o las personas aisladas.

During the COVID-19 pandemic, we created a neighbourhood Whatsapp group to support elderly or isolated people.

Prefería el barrio / vecindario en el que solíamos vivir porque era más animado / más cercano a mi escuela.

I preferred (the area) **where** we used to live before because it was livelier/closer to my school.

¡El lugar donde más me gustaría vivir es en el centro para tener las tiendas, la oficina de correos, el banco y los cines cerca!

The place where I would most like to live is in the city centre in order to have the shops, post office, bank, and cinemas near me!

Nunca llego a conocer a nadie donde vivo, porque a menudo nos mudamos por el trabajo de mi madre.

I never get to know anyone **where** I live, as we move around a lot because of my mum's job.

¿Vida en la ciudad o en el campo?

City life or country life?

Las ventajas y las desventajas de la ciudad

The good and bad sides of the city/town

Me gusta vivir en la ciudad porque hay …

I like living in the city because there is/are …

… muchas cosas que hacer (para los jóvenes).

… a lot to do (for young people).

… (más) medios de transporte.

… (more) modes of transport.

Prefiero vivir en la ciudad porque hay …

I prefer to live in the city because there is …

… una gran variedad de actividades de ocio.

… a wide range of leisure activities.

… una población diversa.

… a diverse population.

Lo mejor de la ciudad es …

What is better in the city is/are …

… la proximidad a servicios, como el hospital.

… the proximity of services, such as a hospital.

… las oportunidades de empleo.

…the job opportunities.

Lo que falta en la ciudad …

What is missing in the city …

… es espacio y aire limpio.

… is space and fresh air.

… son espacios verdes.

… are green spaces.

En la ciudad uno puede permanecer en el anonimato y tener una vida privada, mientras que en el campo todo el mundo se conoce.

In a city, you can be anonymous and have privacy, **whereas** in the country, everyone knows everyone.

El estilo de vida en la ciudad es generalmente más moderno, mientras que en el campo puede ser más tradicional.

The lifestyle in the city is generally more modern, **whereas** in the country, it can be more traditional.

Lo ideal sería trabajar en la ciudad y vivir en el campo. Sin embargo, no me gustaría viajar todos los días.

My ideal would be to work in the city and live in the country. **However**, I wouldn't want to commute every day.

Las ventajas y desventajas de vivir en el campo

The good and not-so-good sides of life in the countryside

Lo que me encanta del campo es …

What I like about the countryside is …

… que no hay demasiada gente.

… that there are not too many people.

… que no estamos unos encima de otros. (fam)

… that you are not on top of each other. (fam)

… la calma y la tranquilidad.

… the peace and quiet.

Lo que aprecio/valoro del campo es …

What I appreciate about the countryside is …

… que el aire no está contaminado.

… that the air is not polluted.

… que no hay demasiado ruido.

… that there is not too much noise.

… que la vida es más barata que en la ciudad.

… that life is cheaper than in the city.

Una ventaja del campo es …

An advantage of the countryside is …

… que hay espíritu de comunidad y convivencia.

… that there is a spirit of community and conviviality.

… que la vida rural es generalmente menos estresante.

… that rural life is generally less stressful.

Una desventaja del campo es…

A disadvantage of the countryside is …

… que no hay nada/mucho que hacer cuando hace mal tiempo.

… there is nothing/not much to do when the weather is bad.

… que no hay suficientes lugares para salir.

… that there are not enough places to go out.

No me gustaría vivir en el campo porque está muerto y lejos de todo. Por otro lado, la gente es generalmente más amable y está menos estresada que en la ciudad.

I wouldn't want to live in the countryside because it's dead and far from everything. **On the other hand**, people are generally nicer and less stressed than in the city.

Los jóvenes generalmente prefieren la vida en la ciudad. Sin embargo, hay menos violencia y delincuencia en las zonas rurales.

Young people generally prefer city life. **However**, there is less violence and crime in the rural areas.

El campo es el entorno de vida ideal según muchos.

The countryside is the ideal living environment according to many.

ser un(a) «urbanita»

to be a 'city slicker'

Organización social

La escuela / El colegio	School
una escuela (pública / privada / internacional) / un colegio (público / privado / internacional)	(public/private/international) school
una universidad	university, college
una escuela secundaria	secondary school, high school
el salón de clase / el aula	classroom
la sala / el aula (de informática / música / artes plásticas)	computer/music/art room
el laboratorio de ciencias	science lab
la biblioteca	library
el gimnasio / el pabellón de deportes / el campo de deportes	gymnasium/sports hall/sports field
la cantina / la cafetería	canteen/cafeteria
la secretaría / la recepción	secretaries' office/reception
la oficina del director/de la directora	principal's office
la sala de profesores	staff room
la residencia de estudiantes / el internado	dormitory/boarding school
las reglas escolares	school rules
poner tus cosas en un casillero	to put your school things in a locker
guardar silencio en los pasillos	to be quiet in the corridors
salir al patio durante el recreo	to go out into the playground/yard during break/recess
respetar las reglas de la escuela	to respect the school rules
Voy a una escuela internacional.	I go to an international school.
Es una escuela de niños / niñas de alrededor de 1000 estudiantes.	It is a boys'/girls' school with about 1000 students.
Es una escuela mixta de unos 1000 estudiantes.	It is a co-educational school with about 1000 students.
Mi escuela está ubicada en un entorno agradable con espacios verdes.	My school is located in a pleasant setting with green spaces.
Es una escuela de prestigio con una excelente reputación.	It is a prestigious school which has an excellent reputation.
En mi opinión, esta es una de las mejores escuelas del país para la preparación del Bachillerato Internacional.	In my opinion, it is one of the best schools in the country to prepare for the International Baccalaureate.
El ambiente es bueno y los estudiantes vienen de todo el mundo.	The atmosphere is good and the students come from all over the world.
Soy un estudiante externo (a media pensión) / no-residente porque no vivo lejos de la escuela.	I am a half-boarder/day student because I don't live far from the school.
Soy un alumno interno / residente y vuelvo a casa durante las vacaciones.	I am a boarder and I go home for the holidays.
Los edificios son antiguos, pero las aulas son grandes, luminosas y están bien equipadas.	The buildings are old but the classrooms are large, bright, and well equipped.
El personal de la escuela no es muy amigable y la disciplina es muy estricta.	The school staff are not very friendly and the discipline is very strict.
Los profesores son bastante estrictos, pero justos, y las lecciones/clases son interesantes.	The teachers are quite strict but fair and the lessons are interesting.
Está prohibido tener tu celular/móvil en clase y eso me parece normal.	Cellphones/mobile phones are forbidden in class and **I think that's fair.**
Tenemos que llevar uniforme escolar y lo encuentro práctico/molesto/ridículo.	We have to wear a school uniform and **I find that convenient/a pain/ridiculous.**

No podemos salir durante la hora del almuerzo y eso me parece injusto.

We can't go out during lunch break and **I find that unfair.**

Desde la pandemia, las instalaciones se han adaptado para cumplir con las normas sanitarias.

Since the pandemic, the school buildings have been adapted to comply with health regulations.

Si yo fuera el director, crearía más áreas de esparcimiento para los estudiantes.

If I were the principal, I would create more relaxation areas for the students.

La jornada escolar

A school day

la asignatura	(school) subject
el horario	timetable
una clase / una lección	class/lesson
el descanso / la hora libre	free period
el recreo / el recreo del almuerzo	break/lunch break
las actividades del programa CAS	CAS program activities
el aprendizaje a distancia (en línea) / presencial	distance (online) lessons/face-to-face lessons
asistir a clase / perder una clase	to attend a class/to miss a class
llegar a clase a tiempo / tarde	to arrive to a lesson on time/late
hacer un examen / una prueba (de fin de trimestre/ año)	to do a (end-of-term/end-of-year) test

Mi asignatura / materia favorita es la economía.

My favourite subject is economics.

Tengo tres horas de español a la semana.

I have three hours of Spanish per week.

La materia / asignatura que más me interesa es música porque la encuentro fascinante.

The subject that interests me the most is music because I find it fascinating.

La materia / asignatura que encuentro más fácil / difícil / aburrida es la química / biología / física.

The subject that I find the easiest/most difficult/most boring is chemistry/biology/physics.

La materia / asignatura que se me da mejor es geografía e historia.

The subject I am strongest **in** is history-geography.

La materia / asignatura que nunca necesitaré es arte.

The subject I will never need is art.

Cada clase tiene una duración de 50 minutos con una pausa de 5 minutos entre ellas.

Each class lasts 50 minutes with 5 minutes between each class.

La escuela comienza a las 8 de la mañana y termina alrededor de las 5 de la tarde.

Classes start at 8 am and end around 5 pm.

Aquí el día comienza con una oración / una reunión general / una asamblea.

Here, our day begins with a prayer/a general meeting/ an assembly.

Por las tardes, tengo lecciones/clases privadas de matemáticas porque estoy muy flojo en esa materia/ asignatura.

In the evenings, I have private lessons in maths because I'm really weak in that subject.

Los fines de semana tomo/tengo lecciones de música con una profesora particular.

At the weekend, I take music lessons with a private teacher.

Desde el comienzo del año escolar, asisto a un club de artes plásticas como parte del programa CAS.

Since the beginning of the school year, I have been going to an art club as part of the CAS program.

En la escuela, participo en muchas actividades extracurriculares y me ofrezco como voluntario para ayudar a mi comunidad.

At school, I am involved in a lot of extracurricular activities and volunteering for my service to the community.

La jornada escolar es diferente en España, donde el horario es más apretado y las horas son más largas que aquí.

The school day is different in Spain where the timetable is fuller and the hours longer than here.

Desde la COVID-19, mi escuela ha estado brindando/ ofreciendo lecciones híbridas, con clases presenciales y en línea.

Since COVID-19, my school has been providing hybrid lessons, with on-site and online classes.

Lo que más extrañé/eché de menos durante el aislamiento por la COVID-19 fue el contacto diario con mis compañeros y con los profesores.

What I missed the most during the COVID-19 lockdown was being in daily contact with the class and teachers.

pasar lista

to take the register

estar presente / ausente

to be present/absent

ratearse / hacer novillos (o pellas) (fam)

to skip a class

La educación: la clave del futuro

Education: the key to the future

los idiomas / el derecho / la medicina / las ciencias / la economía / los estudios de negocios

languages/law/medicine/sciences/economics/business studies

ser universitario(a)

to be a (university) student

ir a la universidad/facultad

to go to university/to college

realizar un examen (oral/escrito)/una prueba (oral/escrita)

to take an (oral/written) exam/an (oral/written) test

aprobar / suspender un examen

to pass/fail an exam

obtener un diploma / graduarse

to obtain a degree/to graduate

elegir una vertiente científica/económica/literaria/artística

to choose a scientific/economic/literary/artistic path

elegir un campo de estudio de acuerdo con tus áreas de interés / aptitudes

to choose a field of study according to your interests/abilities

Todavía no lo sé. / Ya sé lo que me gustaría estudiar en la universidad.

I don't know yet./I already know what I would like to study at university.

Hablaré de mis futuros estudios con mi tutor (a) y con el/la consejero (a) vocacional.

I am going to discuss my future studies with my form tutor and career counsellor.

Planeo tomarme un año sabático después de obtener el diploma BI para viajar y trabajar.

I plan to do a gap year after getting the IB Diploma to travel and work.

Si apruebo el diploma BI, estudiaré derecho.

If I pass my IB Diploma, I will go to law school.

Si tuviera la oportunidad, me iría al extranjero para hacer ingeniería informática.

If I had the opportunity, I would go abroad to study computer science.

Durante la pandemia, aprendí a trabajar de forma independiente, lo cual será útil para la universidad.

During the pandemic, I learnt how to work independently, which will be useful for university.

Trabajar en mi monografía me permite aprender a investigar y desarrollar mis habilidades de pensamiento crítico.

Working on my extended essay allows me to learn how to do research and develop my critical thinking.

Salir de la escuela sin calificaciones plantea problemas para encontrar trabajo.

Leaving school without a qualification causes problems in finding a job.

* No cabe duda (de) que tener una buena educación abre puertas y hace realidad tus sueños.

There is no doubt that having a good education opens doors and allows you to achieve your dreams.

* Está claro que una educación internacional como el programa BI nos permite convertirnos en ciudadanos del mundo.

It is clear that an international education like the IB programme enables us to become global citizens.

* Para mí es indiscutible que recibir una educación de calidad es un derecho fundamental para todos.

In my mind, **it is indisputable that** receiving a quality education is a fundamental right for all.

* Es cierto que la educación debe considerarse una prioridad, pero no todo el mundo tiene acceso a ella.

It is certain that education should be considered a priority, yet not everyone has access to it.

* No hace falta decir que debemos luchar contra el analfabetismo y el abandono escolar, que a menudo conducen a la exclusión social.

It goes without saying that we must fight against illiteracy and dropping out of school, which often lead to social exclusion.

* La crisis sanitaria de COVID-19 está teniendo un efecto catastrófico al impedir que más de mil millones de estudiantes vayan a la escuela en todo el mundo.

The COVID-19 health crisis is having a catastrophic effect by stopping over a billion learners from going to school worldwide.

Las prácticas laborales y los pequeños trabajos

hacer...

    ... una pasantía / prácticas en una empresa

    ... trabajo informal / un trabajo de verano

    ... un trabajo de temporada

    ... voluntariado

trabajar como ...

    ... mesero, camarero / mesera, camarera

    ... (tele)vendedor(a)

    ... repartidor(a)

    ... monitor(a)

    ... cajero(a)

    ... recepcionista / secretario(a) / niñero(a) / voluntario(a)

    ... agricultor(a) / granjero(a) en una granja / en el campo

trabajar en una tienda / una cafetería / un bar / un restaurante / una fábrica / una oficina / una agencia de turismo

Como parte de CAS, soy voluntario(a) en una organización benéfica.

Tengo un trabajillo para ganar algo de dinero.

Donde vivo, a los jóvenes no se les permite tener un trabajo.

Voy a hacer una pasantía en la empresa donde trabajan mis padres.

Trabajo 8 horas a la semana y gano 12 euros por hora.

No siempre es fácil combinar los estudios y tener un trabajo de estudiante.

En algunos países, los jóvenes tienen que trabajar para ayudar a pagar las cuentas familiares.

* Después de hacer una pasantía/prácticas, conozco mejor el mundo laboral.

* Después de trabajar en una tienda, ¡sé que no es un trabajo para mí!

* Después de irme al extranjero para realizar una pasantía / hacer prácticas, aprendí muchas cosas útiles para el futuro.

* Después de cuidar a dos niños durante un año, decidí que quería ser maestro.

Hacer una pasantía / un trabajo de estudiante es una primera experiencia profesional y contribuye a dar una buena impresión en tu CV.

Tener un trabajo de estudiante te permite adquirir nuevas habilidades y prepararte para la vida laboral.

Work placements and small jobs

to do ...

    ... a work placement/an internship in a company

    ... casual work/a summer job

    ... a seasonal work

    ... volunteering

to work as ...

    ... a waiter/waitress

    ... a (tele)sales assistant

    ... a delivery person

    ... a youth leader

    ... a checkout assistant

    ... a receptionist/secretary/babysitter/volunteer

    ... a worker on a farm/in the fields

to work in a shop/a café/a bar/a restaurant/a factory/an office/a tourist office

As part of CAS, I volunteer in a charity organization.

I have a small job to earn some money.

Where I live, young people are not allowed to have a job.

I'm going to do a work placement in the company where my parents work.

I work 8 hours a week and make 12 euros an hour.

It is not always easy to manage studying and having a small job.

In some countries, young people have to work to contribute to the family's expenses.

After doing a work placement, I know more about the world of work.

After working in a shop, I know that this is not the job for me!

After going abroad for a placement, I learnt many useful things for the future.

After taking care of two children for a year, I decided that I wanted to become a teacher.

Doing a placement/a small job is a first professional experience and makes a good impression on your CV.

Having a small job allows you to acquire new skills and to prepare yourself for working life.

Organización social

Elegir una profesión	Choosing a profession
los criterios para elegir una profesión	criteria for choosing a profession
el (grado de) interés del trabajo	the interest of the job
la seguridad en el empleo	job security
la utilidad para la sociedad	usefulness to society
los colegas / los/las compañeros(as) de trabajo	colleagues
el horario laboral / las horas de trabajo	working hours
el salario *o* el sueldo *o* la remuneración	salary/wages
la ubicación del puesto de trabajo	work location
las responsabilidades	responsibilities
las oportunidades de ascenso (m)	promotion opportunities
buscar empleo	to look for a job
solicitar un trabajo / postularse	to apply for a job
enviar tu CV o currículum / una carta de presentación	to send a CV/a cover letter
ir a / tener éxito en una entrevista de trabajo	to go to/to succeed in a job interview
trabajar...	to work ...
... solo / en equipo	... alone/in a team
... al aire libre / en una oficina / en casa	... outdoors/in an office/at home
... con niños(as) / jóvenes / ancianos(as) / animales	... with children/young people/the elderly people/animals
... como profesor(a) en una escuela secundaria	... as a teacher in a high school
hacer/desempeñar un trabajo que ... / tener un oficio que ...	to do a job which ...
... es útil para los demás	... is useful to others
... está bien pagado	... is well paid
... corresponde a mis áreas de interés / mis habilidades / mis valores	... corresponds to my interests/skills/values
tener las cualidades / calificaciones / habilidades necesarias	to have the necessary qualities/qualifications/skills
Me gustaría trabajar en (el ámbito de la) investigación científica.	I would like to work in scientific research.
Mi ambición es convertirme en abogado(a).	My ambition is to become a lawyer.
Cuando era pequeño(a), quería ser astronauta.	When I was little, I wanted to be an astronaut.
El trabajo que más me atrae es el de médico(a) / periodista / intérprete.	The job I am most interested in is being a doctor/journalist/interpreter.
Pretendo tener mi propia empresa / trabajar para una multinacional.	I plan to have my own company/to work for a multinational.
Me gustaría desarrollar mi vida profesional en el ámbito de los negocios / las relaciones internacionales / la diplomacia.	I would like to pursue a career in business/international relations/diplomacy.
Lo que más me gustaría es trabajar en el sector humanitario.	What I would like most is to work in the humanitarian sector.
Mi principal objetivo no es ganar dinero sino hacer un trabajo que me fascine.	My main goal is not to make money but to do a job that I am passionate about.
* A mis padres les gustaría que tuviera un trabajo bien remunerado.	My parents **would like me to have** a job that pays well.
* Mi padre/madre querría que yo fuera arquitecto(a) como él/ella.	My father/mother **would like me to be** an architect like him/her.

* A mi familia le gustaría que me fuera a trabajar al extranjero durante unos años.

My family **would like me to work** abroad for a few years.

Las condiciones de trabajo

Working conditions

un trabajo a tiempo completo	full-time job
un trabajo a tiempo parcial	part-time job
un trabajo/empleo temporal / de duración determinada	temporary/fixed-term employment
un trabajo/empleo permanente	permanent employment
el salario mínimo	minimum wage
una persona que busca trabajo	job seeker
registrarse en una agencia de empleo / oficina de empleo	to register with an employment agency/job centre (employment office)
trabajar en buenas / en malas condiciones / muchas horas	to work in good/in bad conditions/long hours
hacer horas extras	to do overtime
hacer trabajo por turnos / trabajar turnos de noche	to do shift work/to work night shifts
ganar el salario mínimo	to earn the minimum wage
tener derecho a vacaciones pagadas	to be entitled to paid leave
estar desempleado(a)	to be unemployed
recibir prestaciones (fpl) / ayudas (fpl) por desempleo	to receive unemployment benefits

Las condiciones de trabajo aquí son excelentes / deplorables.

The working conditions here are excellent/deplorable.

Los empleados / trabajadores están muy bien / mal pagados(as) / explotados(as).

Employees/Workers are very well paid/poorly paid/ underpaid/exploited.

Desde la pandemia de COVID-19, el teletrabajo / trabajar a distancia / desde casa se ha generalizado.

Since the COVID-19 pandemic, teleworking/ telecommuting/working from home has become more common.

La tasa de desempleo entre los jóvenes / las personas con discapacidad es superior a la del resto de la población.

The unemployment rate for youth/disabled people is higher than for the rest of the population.

No es fácil conseguir un primer trabajo cuando no se tiene experiencia. Por eso ayuda tener una pasantía / haber tenido un trabajo de estudiante.

It's not easy to get a first job when you have no experience. **That's why** it's helpful to have done a work placement/to have had a small job.

Durante la crisis sanitaria, muchas empresas cerraron y, como consecuencia / por consiguiente, muchas personas perdieron sus trabajos.

During the health crisis, many companies closed and **consequently** many people lost their jobs.

Muchas personas no tienen trabajo en sus países de origen y, por lo tanto, vienen aquí a buscar trabajo.

Many people don't have work in their home countries and **therefore** come here to find a job.

Es importante tener un buen equilibrio entre el trabajo y la vida personal para así poder reducir el estrés.

It is important to have a good work-life balance, **thus** you can minimize stress.

Mucha gente no gana suficiente dinero, así que algunos trabajan en negro/tienen varios empleos para llegar a fin de mes.

Many people don't earn enough money, **so** some work off the books/moonlight to earn extra money.

tener dificultades para llegar a fin de mes (id)	to struggle to make ends meet
arrimar el hombro (id)	to work together (*lit: to pull up the shoulder*)

D Problemas sociales

Los problemas de la juventud	Youth problems
Los problemas relacionados con la familia y la escuela	Family- and school-related problems
relaciones conflictivas con los padres / familiares / parientes	confrontational relationships with parents/family/relatives
el conflicto generacional / entre generaciones	generation gap
el fracaso / éxito académico	failure/success in school
el estrés de los exámenes	stress of exams
ser influenciado(a) por los padres / profesores(as)	to be influenced by parents/teachers
tener miedo del futuro / al desempleo	to be afraid of the future/of unemployment
huir de casa	to run away from home
Mis notas nunca son lo suficientemente buenas para mis padres y eso me desmoraliza.	My school results are never good enough for my parents and that depresses me.
Muchos jóvenes sufren presión por parte de sus padres y algunos jóvenes incluso huyen de sus casas.	Many young people suffer from parental pressure and some even run away.
Algunos padres son sobreprotectores, pero necesitamos independencia y autonomía.	Some parents are overprotective but we need some independence and autonomy.
Los problemas relacionados con la salud física y mental	Physical and mental health issues
los problemas de peso / la obesidad	weight problems/obesity
la bulimia / la anorexia	bulimia/anorexia
la falta de autoestima / la confianza en uno mismo	lack of self-esteem/self-confidence
autolesionarse	self-harm
tener una imagen negativa de tu cuerpo	to have a negative image of your body
tener ataques de pánico	to have panic attacks
sentirse deprimido(a) / sufrir depresión	to feel depressed/to suffer from depression
tener pensamientos suicidas	to have suicidal thoughts
El estrés y la ansiedad son emociones difíciles de afrontar.	Stress and anxiety are difficult emotions to manage.
Para algunos jóvenes, la pérdida de peso se convierte en una obsesión: siguen dietas que a veces conducen a graves trastornos alimenticios.	For some young people, losing weight becomes an obsession: they go on diets that sometimes lead to serious eating disorders.
Tratar de imitar las imágenes de los medios a toda costa puede conducir a la depresión.	Wanting at all costs to look like the images in the media can lead to depression.
Los problemas relacionados con conductas de riesgo	Problems related to high-risk behaviour
la delincuencia juvenil	juvenile delinquency
el consumo de alcohol (m) / tabaco (m) / drogas (fpl) / estupefacientes (mpl)	alcohol/tobacco/drug use
los problemas de adicción (f) / dependencia (f)	addiction/dependency issues
tener malas compañías (fpl)	to hang out with the wrong crowd
cometer un delito / una infracción / un hurto	to commit a crime/an offence/shoplifting
Muchos jóvenes prueban sustancias ilegales, destacando el cannabis.	Many young people try illicit substances, **notably** cannabis.
El consumo excesivo de alcohol es un gran problema, particularmente en las fiestas.	Binge drinking is a big problem, **particularly** at parties.
Algunos jóvenes corren riesgos especialmente cuando están borrachos(as) / en grupo.	Some young people take risks **especially** when they are drunk/when they are in a group.

Los problemas de identidad en relación con otras personas	Identity issues in relation to others
la orientación sexual	sexual orientation
la identidad de género	gender identity
los prejuicios / los estereotipos	prejudice/stereotypes
cumplir con los estándares del grupo	to conform to the norms of the group
resistir la presión de los pares / de grupo	to resist peer/group pressure
no poder opinar	to not be able to give your opinion
no tener derecho a hablar	to not be allowed to speak up
No me siento seguro(a) cuando estoy rodeado(a) de personas de mi edad.	I don't feel confident when I'm around people my own age.
Soy binario(a) / transgénero / gay y, a veces, me siento vulnerable y aislado(a).	I am non-binary/transgender/gay and sometimes I feel vulnerable and isolated.
No siempre es fácil ser diferente y hacer que la gente te acepte como eres.	It's not always easy to be different and to make people accept you as you are.
* Es inaceptable que los adolescentes sean víctimas de los prejuicios de sus compañeros(as) / los adultos / la sociedad.	**It's unacceptable that** teenagers **are** victims of prejudice from their peers/adults/society.
* No creo que la opinión de los jóvenes tenga mucha importancia en la sociedad.	**I don't think that** the opinions of young people **have** much importance in society.
* Parece que nuestras preocupaciones por la sociedad (en que vivimos) y nuestro futuro no son tomadas realmente en cuenta.	**It seems that** our concerns for society and our future **are** not really taken into account.
* Deberíamos poder votar a los 16 años para expresar nuestras opiniones.	**We should be able** to vote at the age of 16 to express our opinions.

La exclusión social y la marginación económica	Social exclusion and economic marginalization
los/las marginalizados(as)	marginalized people
las personas sin hogar	homeless people
los inmigrantes	immigrants
los/las refugiados(as)	refugees
los solicitantes de asilo	asylum seekers
el/la indocumentado(a) / el/la inmigrante ilegal	undocumented/illegal migrants
los/las ancianos(as) / los/las jubilados(as)	senior citizens/the elderly
las personas con discapacidades	people with disabilities
los/las desempleados(as)	the unemployed
pasarlo mal / tener dificultades	to struggle/to have a hard time
sentirse aislado(a)	to feel isolated
ser rechazado(a) / excluido(a)	to be rejected/excluded
caer en la precariedad / pobreza extrema	to fall into poverty/extreme poverty
vivir en la calle / en condiciones insalubres / en barrios marginales	to live on the street/in unhealthy conditions/in shanty towns
mendigar / pedir limosna	to beg
Es una pesadilla / chungo (fam) para mucha gente.	It's a struggle for many people.
Hay tantos problemas sociales en el mundo, pero el peor en mi opinión es la pobreza.	There are **so many** social problems in the world but the worst, in my opinion, is poverty.
Aquí, el desempleo ha cobrado tantas víctimas como la pandemia de COVID-19.	Here, unemployment has claimed **as many** victims as the COVID-19 pandemic.

Algunas familias son tan pobres que ya no pueden satisfacer sus necesidades básicas.

Some families are **so** poor that they can no longer meet their basic needs.

Las causas de la exclusión

Reasons for social exclusion

la discriminación racial/sexual/religiosa/social

racial/sexual/religious/social discrimination

la pérdida de un trabajo

losing your job

el desempleo de larga duración

long-term unemployment

la enfermedad / mala salud

illness/ill health

la falta de educación

lack of education

la falta de oportunidades económicas

lack of economic opportunity

la falta de vivienda asequible

lack of affordable housing

Algunos caen en la precariedad a causa de dificultades personales como el divorcio.

Some of them fall into proverty **because of** personal difficulties such as a divorce.

Muchas personas se encuentran en una situación desesperada después de guerras y desastres naturales.

Many people find themselves destitute **following/after** wars and natural disasters.

Al menos el 30% de la población mundial sufre hambruna y escasez de agua.

At least 30% of the world's population suffers from hunger and water shortages.

Cómo reaccionar y cómo actuar

How to react and take action

Me pone triste. / Me entristece.

It makes me sad.

Me pone furioso(a). / Me enfurece.

It makes me angry.

Me causa dolor. / Me duele.

It makes me feel sad/**it hurts me**.

ayudar a las personas necesitadas

to help the poor

luchar contra las desigualdades

to fight inequality

mostrar solidaridad

to show solidarity

participar en proyectos solidarios

to participate in solidarity projects

hacer voluntariado (m) (para una organización benéfica)

to do volunteer work (for a charity)

recaudar fondos (mpl) / comida (f) / ropa (f)

to collect funds/food/clothes

participar en campañas de sensibilización

to take part in awareness campaigns

Quiero ayudar a las personas menos privilegiadas que yo.

I want to help people who are less privileged than me.

Como parte de CAS, voy una vez a la semana a hacer compañía a las personas mayores.

As part of CAS, I go once a week to keep elderly people company.

Soy voluntario en un banco / una organización de alimentos que proporciona comidas a las personas sin hogar.

I am a volunteer in a food bank/an organization that gives meals to the homeless.

Hay asociaciones sin fines de lucro que ofrecen ayuda a las personas necesitadas.

There are non-profit associations that offer assistance to people in need.

En mi país, no existe un servicio de emergencia social para ayudar a los más desfavorecidos.

In my country, there is no social assistance to help the most destitute.

Podemos luchar contra la exclusión ...

We can fight against exclusion ...

... haciendo que las calles y los edificios sean más accesibles para las personas con discapacidad.

... **by making** streets and buildings more accessible to disabled people.

... creando más hogares y refugios de emergencia.

... **by creating** more emergency shelters and hostels.

... construyendo más viviendas sociales para personas con bajos salarios.

... **by building** more social housing for people on low wages.

El comercio justo mejoraría las condiciones de vida de los productores de los países pobres.

Fair trade would improve the living conditions of producers in poor countries.

Compartir el mismo planeta

A El clima

¿Qué tiempo hace?	What's the weather like?
El tiempo está...	The weather (or it) is .../is not ...
... agradable.	... nice.
... caluroso.	... hot.
... frío.	... cold.
Está...	It is ...
... soleado.	... sunny.
... ventoso.	... windy.
... nublado.	... cloudy.
... tormentoso/de tormenta.	... stormy.
Hay...	There is ...
... truenos.	... thunder.
... rayos / relámpagos.	... lightning.
No hay...	It is not ...
... niebla (f).	... foggy.
... nubes (fpl).	... cloudy.
No llueve.	It is not rainy.
Está lloviendo.	It's raining.
Está nevando.	It's snowing.
Hace mucho frío.	It's freezing.
Hace 35 grados / 10 grados bajo cero.	It's 35 degrees/minus 10.
Hoy hace mal tiempo.	The weather's bad today.
Se está nublando/encapotando.	It's getting cloudier/overcast.
Espero que haga buen tiempo.	I hope the weather will be nice.
Espero que no llueva.	I hope it won't rain.
Cada vez que salgo, ¡empieza a llover!	Every time I go out, it starts to rain!
¡Me encanta salir bajo la lluvia/cuando llueve mucho!	I love going out in the rain/when it's pouring!
Cuando hace calor, me quedo a la sombra/al fresco.	When it's hot, I stay in the shade/cool.
Hoy estaba nublado, pero no ha llovido.	Today it was overcast but it didn't rain.
Ayer hizo frío y mucho viento.	Yesterday it was cold and very windy.
Durante mis últimas vacaciones hizo mucho frío y llovió todos los días. ¡Fue muy desagradable!	During my last holiday, it was very cold and it rained every day. It was so unpleasant!
Cuando salí de casa esta mañana estaba nevando.	When I left the house this morning, it was snowing.
No he salido hoy porque hacía demasiado frío/calor.	I didn't go out today because it was too cold/too hot.
* Ayer por la mañana quería salir a correr pero empezó a nevar.	Yesterday morning, I wanted to go out for a run but it started to snow.
* Si hace buen tiempo, podemos dar un paseo.	**If the weather is** nice, **we can** go for a walk.
* Si hiciera más calor, podríamos ir a la playa.	**If it was** warmer, **we could** go to the beach.
* Si hubiera hecho bueno, podríamos haber ido a dar un paseo.	**If the weather had been** nice, **we could have** gone for a walk.
Al mal tiempo, buena cara. (refrán)	You have to look on the bright side. (lit: To bad weather, good face.)
Eres un sol. (id)	You are a star! (lit: You're a sun.)

El pronóstico del tiempo	The weather forecast
la meteorología	weather/meteorology
los informes meteorológicos	weather report
un aguacero	shower
un claro	bright spell
una nevada	snowfall
el granizo	hailstones
la escarcha	frost
las condiciones estables / cambiantes	stable/changing conditions
las temperaturas bajas / altas para la temporada	low/high temperatures for the season
las temperaturas de invierno / verano	winter/summer temperatures
un golpe de calor	heat wave
Veo el pronóstico del tiempo en la televisión todas las mañanas.	I watch the weather forecast on television every morning.
No vi la información del tiempo anoche.	I didn't watch the weather forecast last night.
Escucho el pronóstico del tiempo para saber qué ponerme.	I listen to the weather forecast to know what to wear.
No escucho el pronóstico del tiempo porque a menudo es incorrecto.	I don't listen to the weather forecast as they often get it wrong!
Hoy dicen que...	Today, they're saying that ...
... las temperaturas suben / bajan.	... the temperatures are up/down.
... habrá heladas matutinas.	... there will be early morning frost.
... existe el riesgo de una tormenta de hielo.	... there is a risk of black ice/icy patches.
... estará tormentoso / nublado / brumoso.	... it will be stormy/cloudy/foggy.
... el sol brillará sobre todo el sur del país.	... it will be sunny over the whole southern part of the country.
... habrá niebla matutina en el oeste.	... there will be early morning fog in the west.
... el cielo permanecerá nublado sobre la parte norte del país.	... the sky will remain overcast over the northern part of the country.
... el viento soplará a unos 120 km/hora en las regiones orientales.	... the wind will blow at about 120 kms per hour in the eastern regions.
... en todas partes, el día estará seco y soleado.	... everywhere, the day will be dry and sunny.
... las temperaturas serán altas a última hora de la mañana.	... temperatures will be high late morning.
... el cielo se nublará y habrá lluvias al final del día.	... the sky will become overcast and there will be showers in the evening.
... el viento soplará con mucha fuerza y habrá riesgo de tormenta por la noche.	... winds will be very strong and there will be a chance of a storm in the evening.
... se esperan temperaturas de hasta 48 grados.	... temperatures are expected to reach 48 degrees.
¡No te olvides el paraguas hoy!	**Don't forget** your umbrella today!
¡Cuidado con las ráfagas de viento!	**Beware of** gusts of wind!
Evita salir si es posible debido a las condiciones peligrosas en las carreteras.	**Avoid** going out if possible due to dangerous road conditions.
¡Ten(ga) cuidado con las quemaduras solares!	**Beware of** sunburn!

El clima de mi región / país

The climate of my region/country

el hemisferio sur / norte	southern/northern hemisphere
un clima continental / oceánico / tropical / ecuatorial / desértico	continental/oceanic/tropical/equatorial/desert climate
un clima húmedo / seco/ frío / cálido	humid/dry/cold/hot climate
un microclima	microclimate
un tiempo variable / cambiante / estable	variable/changing/stable weather
un huracán / un ciclón / un tifón	hurricane/cyclone/typhoon
la temporada (o estación) de lluvias/seca	rainy season/dry season
la lluvia monzónica / los monzones	monsoon rain/monsoons

En mi país, el clima es igual en todas partes.

In my country, it is the same climate everywhere.

Cada región de mi país tiene un clima diferente.

Each region of my country has a different climate.

¡Aquí tenemos cuatro estaciones en un mismo día!

Here, we have all four seasons in the same day!

Aquí hay dos estaciones: la temporada seca y la temporada de lluvias.

Here, it has two seasons: the dry season and the wet season.

El clima varía según las estaciones: el invierno es frío, la primavera es lluviosa, el verano es caluroso y seco y el otoño es generalmente templado.

The weather varies according to the season: winter is cold, spring is rainy, summer is hot and dry, and autumn is usually mild.

Mi región tiene la reputación de ser la más húmeda/seca/soleada del país.

My region has the reputation of being the wettest/driest/sunniest in the country.

Llueve mucho, pero nunca dura mucho tiempo.

It rains a lot but it never lasts very long.

Aquí casi nunca llueve y a menudo hay tormentas de arena.

It hardly ever rains here and there are often sandstorms.

En verano, el ambiente es bochornoso y pesado.

In summer, the atmosphere is muggy and heavy.

Aquí el otoño es templado pero muy húmedo.

In autumn, it is mild here but very humid.

En invierno, las temperaturas nunca superan los cero grados.

In winter, the temperatures never get above zero degrees.

Durante la estación seca, a menudo hay una ola de calor.

During the dry season, there often is a heat wave.

Las temperaturas no varían mucho a lo largo del año.

The temperatures do not vary much throughout the year.

Por la mañana hace fresco, pero el resto del día se pone muy bochornoso.

In the morning, it is cool but for the rest of the day, it is very muggy.

Si bien los días son sofocantes, las noches son extremadamente frías.

If it's stifling during the day, it is extremely cold during the night.

* La mejor época para visitar mi región es de mayo a septiembre, cuando hace buen tiempo y no llueve demasiado.

The best time to visit my region is from May to September when the weather is nice and it doesn't rain too much.

* La mejor época para venir aquí es durante la primavera, cuando no hace ni demasiado calor ni demasiado frío.

The best time to come here is during spring, when it is neither too hot nor too cold.

* El peor momento para venir aquí es el invierno porque los días son cortos y el clima es helador.

The worst time to come here is in winter when the days are short and the weather is freezing.

*La peor temporada para los visitantes es la estación seca debido al calor abrasador.

The worst season for visitors is the dry season because it is scorching hot.

La influencia del clima en nuestra forma de vida

The influence of the weather on our way of life

calentarse / enfriarse

to warm yourself up/to cool yourself down

disfrutar del sol / fresco

to enjoy the sun/the cool

protegerse del frío / calor / sol / viento

to protect oneself from the cold/the heat/the sun/the wind

El clima afecta la forma en que vivimos.

Climate affects the way we live.

El clima afecta ...

The weather **affects** ...

... lo que llevamos / nos ponemos.

... what we wear.

... lo que comemos.

... what we eat.

... los deportes que practicamos.

... what sport we do.

Tenemos cuidado de ...

We are careful to ...

... protegernos del calor / sol.

... protect ourselves from the heat/the sun.

... usar un sombrero / una gorra.

... wear a hat/a cap.

... abrigarnos.

... dress warmly.

... ponernos guantes / botas forradas.

... put on gloves/furry boots.

Estamos obligados(as) a ...

We have to ...

... cerrar las ventanas y las persianas.

... close the windows and shutters.

... prender / encender el aire acondicionado.

... turn on the air conditioning.

... prender / encender la calefacción central.

... turn on the (central) heating.

... prender / encender la luz.

... turn on the light.

En los países cálidos, estamos acostumbrados(as) a ...

In hot countries, **we are used to** ...

... vivir afuera / hacer vida en la calle.

... living outside.

... levantarnos más temprano.

... getting up earlier.

... dormir una siesta por la tarde.

... taking a nap in the afternoon.

... irnos a la cama más tarde.

... going to bed later.

... comer comidas ligeras.

... eating light meals.

... poner baldosas en los suelos de las casas.

... having tiled floors in the house.

En los países fríos, tendemos a ...

In cold countries, **we tend to** ...

... evitar salir / salir menos.

... avoid going out.

... comer alimentos más calóricos.

... eat more calorific food.

... poner moqueta en las casas.

... have carpets in the house.

... poner la chimenea.

... make a fire in the fireplace.

Las casas están construidas con objeto de ...

The houses are built **so as to** ...

... mantener todo fresco.

... keep everything cool.

... retener el calor.

... keep the heat in.

... dejar entrar la luz.

... let light in.

... resistir tornados / fuertes lluvias.

... withstand tornadoes/rainstorms.

En España, muchas tiendas abren temprano por la mañana, cierran a mediodía y abren de nuevo por la tarde cuando hace más fresco.

In Spain, many shops open early in the morning, close at lunch time and open again in the evening when it is cooler.

En Sevilla, ponen toldos en las calles para que la gente pueda evitar el intenso calor.

In Seville, they use awnings in the street so that people can avoid the intense heat.

Las viviendas de los pueblos originarios a menudo están hechas de tierra para protegerlas del calor abrasador.

Indigenous people's homes are often built out of earth to protect against the scorching heat.

B Geografía física

Los paisajes	Landscapes
un país	country
un continente	continent
una isla	island
un archipiélago	archipelago
el mar / el océano	sea/ocean
un lago	lake
un río	river/stream
una playa	beach
una cascada	waterfall
un valle	valley
una llanura	plain
una meseta	plateau
una colina / una montaña	hill/mountain
un bosque	forest/wood
un desierto (de arena / piedra)	(sand/stone) desert
una duna (de arena)	(sand) dune
un oasis	oasis
un volcán (extinto / activo)	volcano (extinct/active)
una caverna / una cueva	cave
Mi región está ubicada en el norte / este / oeste / sur / centro del país.	My region is located in the north/east/west/south/centre of the country.
Vivo en una región montañosa / volcánica / desértica / urbanizada.	I live in a mountainous/volcanic/desert/urbanized area.
Hay hermosos paisajes / bonitas vistas.	There are beautiful landscapes/views.
Es una región preciosa con paisajes muy diversos.	It is a beautiful region with very varied landscapes.
Esta zona es muy plana / montañosa.	Around here, it is very flat/very hilly.
El bosque tropical cubre más de la mitad del país.	The tropical forest covers more than half of the country.
Donde vivo, los paisajes no son nada fuera de lo común y no hay nada especial que ver.	Where I live, the landscapes are not extraordinary and there is nothing special to see.
Es una región predominantemente agrícola / industrial.	It is a mainly agricultural/industrial region.
Hay sobre todo campos / arrozales / granjas / fábricas / viviendas hasta donde se puede ver.	There are mostly fields/rice fields/farms/factories/houses, as far as the eye can see.
Mi país no tiene acceso al mar, pero hay muchos ríos.	My country has no access to the sea/is landlocked, but there are many rivers.
El pico más alto tiene más de 6.000 metros de altura.	The highest peak is more than 6000 metres high.
* Me gusta el lugar donde vivo porque aquí hay unas lagunas preciosas.	I like the area I live in because there are beautiful lagoons **here**.
* La costa es muy bella y hay arrecifes de coral ahí.	The coastline is very beautiful, and you can see coral reefs **there**.
* Mi país es muy salvaje y aquí puedes ver muchos animales.	My country is very wild, and you can see many animals **here**.
* Me encanta vivir en esta zona porque aquí se pueden ver algunos lugares espectaculares.	I love living in this area because you can see spectacular places **here**.
* Me siento privilegiado de vivir en un lugar tan maravilloso: aquí la naturaleza es extraordinaria.	I feel privileged living in such a beautiful place: nature is extraordinary **here**.

La influencia de la geografía en la vida del país

Las actividades de ocio

Junto al mar / En un lago, puedes hacer...

... deportes acuáticos (mpl), como esquí acuático (m), vela (f), surf (m), etc.

... pesca (f)/buceo (m).

... kitesurf (m)/parasailing (m).

En las montañas, la gente hace...

... deportes de tabla como esquí alpino (m), monoesquí (m), snowboard (m), etc.

... montañismo (m) / escalada (f).

... senderismo (m).

... bicicleta de montaña (f).

... parapente (m).

Algunos deportes dependen del terreno, como el barranquismo, la espeleología o la escalada en roca.

Las actividades económicas de un país

la agricultura

la ganadería

la pesca

la industria

la artesanía

la producción de petróleo

la producción de energía solar

La principal actividad económica de mi región / país es el turismo.

Como mi región está muy urbanizada, vive principalmente del sector de servicios.

Dado que aquí hay muchos bosques, la región es un importante productor de madera.

Puesto que el subsuelo aquí es rico en minerales, muchas personas trabajan en las minas.

Dada la proximidad al mar Mediterráneo, los deportes náuticos son una actividad importante en el sur de España.

Debido a que la tierra aquí es muy fértil, la mayoría de los habitantes producen frutas y verduras.

* Aquí domina la pesca artesanal y de ella depende el empleo de mucha gente.

* Los suelos de muchos países de habla hispana son muy ricos, pero las poblaciones locales no se benefician necesariamente de ellos.

* La pandemia de COVID-19 ha provocado la disminución del turismo y la gente aquí está sufriendo mucho como consecuencia de ello.

Antes de la COVID-19, la gente solía ganarse la vida con la artesanía, pero ahora no pueden ganarse la vida con eso.

The influence of geography on lifestyle in a country

Leisure activities

At the seaside/On a lake, you can do ...

... water sports, such as water skiing, sailing, surfing, etc.

... fishing/diving.

... kitesurfing/parasailing.

In the mountains, people do ...

... snow sports like downhill skiing, monoskiing, snowboarding, etc.

... mountaineering/climbing.

... hiking.

... mountain biking.

... paragliding.

Some sports depend on the terrain, such as canyoning, caving or rock climbing.

The economic activities of the country

agriculture

livestock farming

fishing

industry

handicrafts

oil production

solar energy production

The main economic activity of my region/country is tourism.

As my region is very urbanized, it depends mostly on service industries.

Since there are a lot of forests here, the region is a big producer of wood.

Since the subsoil here is rich in minerals, many people work in the mines.

Because of the proximity of the Mediterranean Sea, water sports are an important activity in the south of Spain.

Because the land here is very fertile, most of the inhabitants grow fruits and vegetables.

Small-scale fishing dominates here and the jobs of many people depend **on it**.

The soils of many Spanish-speaking countries are very rich, but the local populations do not necessarily benefit **from this**.

The COVID-19 pandemic has caused a decrease in tourism and people here are suffering a lot **as a result**.

Before COVID-19, people used to make a living from their handicrafts, but now they can no longer make a living **from this**.

Las catástrofes naturales	Natural disasters
un terremoto	earthquake
una avalancha	avalanche
una erupción volcánica	volcanic eruption
un tsunami / un maremoto	tsunami/tidal wave
una sequía	drought
una inundación	flooding
un incendio forestal	forest fire

El impacto del hombre sobre la naturaleza	Human impact on nature
la contaminación del aire / agua / suelo	air/water/soil pollution
la contaminación acústica/lumínica	noise/light pollution
los residuos plásticos / industriales / tóxicos	plastic/industrial/toxic waste
la marea negra	oil spills
el uso de plaguicidas / pesticidas / fertilizantes químicos (mpl)	use of pesticides/chemical fertilizers
la caza furtiva	poaching
la sobreexplotación de recursos naturales	overexploiting of natural resources
la destrucción del hábitat natural	destruction of natural habitat
las especies / los animales en peligro de extinción	endangered species/endangered animals

Los problemas más graves	Major problems
Las erupciones volcánicas / Los terremotos son un gran riesgo en mi país.	Volcanic eruptions/Earthquakes are a big risk in my country.
La contaminación es un problema muy serio aquí.	Here, pollution is a very serious problem.
La principal causa de la contaminación del aire es el tráfico y los gases tóxicos de las fábricas.	The main cause of air pollution is traffic and toxic gases from factories.
Cada vez hay más inundaciones y deshielo debido al calentamiento global.	There are more and more floods and ice melts because of global warming.
En algunos países de habla hispana, las sequías son cada vez más frecuentes.	In some Spanish-speaking countries, droughts are becoming more and more frequent.
* Lo que más me preocupa es que la naturaleza está cada vez más en peligro debido al impacto de los seres humanos.	**What** worries me the most is that nature is more and more in danger because of man.
* Lo que más me molesta es cuando la gente no recoge la basura.	**What** annoys me the most is when people don't pick up their rubbish.
* Lo que no soporto es que la gente no hace nada para proteger la biodiversidad.	**What** I can't stand is when people do nothing to protect biodiversity.
* Lo que más temo es el efecto invernadero y el calentamiento global.	**What** I fear most is the greenhouse effect and global warming.
* Lo que más miedo me da es la desaparición de insectos, como las abejas.	**What** I fear most is the disappearance of insects, like bees.
* De lo que tenemos que darnos cuenta es que los efectos del cambio climático son irreversibles.	**What** we have to realize is that the effects of climate change are irreversible.

Lo que podemos hacer a diario	What we can do daily
Los pequeños gestos son imprescindibles, como…	Little things are essential, like …
… apagar las luces.	… turning off the lights.
… ser parte de una asociación ecológica.	… being part of an ecological association.
… reciclar.	… sorting waste.

... cerrar el grifo/la canilla.

... comprar productos orgánicos.

... comer frutas y verduras de temporada.

... recoger agua de lluvia para regar.

... no arrojar basura.

... ahorrar/no malgastar papel.

... elegir un proveedor de electricidad ecológico.

Tengo intención de...

... usar mi bicicleta en lugar del auto / coche.

... ponerme un suéter en lugar de subir la calefacción.

... reemplazar los baños por duchas para ahorrar agua.

Intentaré...

... usar bolsas de lona o una canasta en lugar de bolsas de plástico.

... comprar productos reutilizables en lugar de productos desechables, como mascarillas o toallitas húmedas.

... comprar productos locales, y no productos importados.

... apagar los dispositivos en lugar de dejarlos «en standby» para ahorrar electricidad.

Pretendo...

... utilizar productos naturales en lugar de productos químicos de limpieza.

... conducir un coche eléctrico para no contaminar.

... comprar productos a granel en lugar de productos envasados.

... aprender a utilizar las sobras para no desperdiciar comida.

Estoy decidido a ...

... reducir mi huella de carbono.

... adoptar un estilo de vida con «residuo cero».

... convertirme en un(a) ciudadano(a) ecológico(a).

Solía comprar fruta en envoltorios de plástico, pero ya no.

Antes encendía el aire acondicionado de inmediato, pero ahora lo uso lo menos posible.

Mis padres solían ir en auto / coche al trabajo, pero ahora lo comparten con otras personas.

... turning off the tap.

... buying organic products.

... eating fruits and vegetables in season.

... collecting rainwater for watering.

... not leaving rubbish lying around.

... saving paper.

... choosing a green electricity supplier.

I intend to ...

... use my bike **instead of** the car.

... put on a sweater **instead of** turning up the heating.

... **replace** baths with showers to save water.

I will try to ...

... use canvas bags or a basket **instead of** plastic bags.

... buy reusable products **instead of** disposable ones, such as masks or wipes.

... buy local products **and not** imported ones.

... turn off appliances **instead of** leaving them on standby to save electricity.

I intend to ...

... use natural products **as opposed to** chemical cleaning products.

... drive an electric car **so as not to** pollute.

... buy loose products **rather than** packaged ones.

... learn to cook with leftovers **so as not to** waste food.

I am determined to ...

... reduce my carbon footprint.

... adopt a zero-waste lifestyle.

... become an eco-citizen.

I used to buy fruit in plastic wrappers, but not any more.

I used to turn on the air conditioning immediately, but now I use it as little as possible.

My parents used to drive to work, but now they carshare/carpool.

Cómo salvar el planeta

La supervivencia del planeta depende…

   … de la protección del medio ambiente / la conservación de la naturaleza.

   … del consumo responsable.

   … del desarrollo sostenible.

   … del respeto por la biodiversidad.

   … de la defensa de los derechos de los animales.

Ante la urgencia de la crisis ecológica, debemos…

   … reducir radicalmente el consumo de combustibles fósiles.

   … utilizar materiales biodegradables.

   … reducir el malgasto de alimentos.

   … eliminar los gases de efecto invernadero.

   … favorecer las energías limpias y renovables como la solar / eólica / hidráulica / térmica.

   … intensificar la reforestación para absorber dióxido de carbono.

   … detener la sobrepesca / deforestación.

   … mejorar el tratamiento de residuos, especialmente residuos tóxicos / radiactivos.

   … luchar contra el comportamiento irresponsable.

Debemos luchar contra la desertificación, que provoca hambrunas en regiones muy pobres.

Debemos reducir nuestro consumo de carne para proteger el medio ambiente.

Ya no podemos permanecer pasivos, debemos reaccionar y unirnos a activistas como Greta Thunberg.

* Es absolutamente necesario que la municipalidad/el ayuntamiento/el gobierno tome decisiones ecológicas.

* Ya no se deberían utilizar aerosoles para proteger la capa de ozono.

* Es importante que el transporte público sea más fiable y económico para animar a las personas a utilizarlo.

* Es urgente que dejemos de explotar en exceso los recursos naturales del planeta.

* Es esencial que se restablezca el equilibrio entre la naturaleza y el hombre si queremos salvar el planeta.

How to save the planet

The survival of the planet depends on …

   … the protection of the environment/of nature.

   … consuming responsibly.

   … sustainable development.

   … respecting biodiversity.

   … protecting animal rights.

Faced with the urgency of the ecological crisis, we must …

   … massively reduce the consumption of fossil fuels.

   … use biodegradable materials.

   … reduce food waste.

   … eliminate greenhouse gases.

   … favour clean and renewable energies such as solar/wind/water/thermal energy.

   … intensify reforestation to absorb carbon dioxide.

   … stop overfishing/deforestation.

   … improve waste treatment, especially toxic/radioactive waste.

   … fight irresponsible behaviours.

We must fight against desertification, which leads to famine in very poor regions.

We must reduce our consumption of meat to protect the environment.

We cannot remain passive any more, we must react and join activists like Greta Thunberg.

It is absolutely necessary that the council/the government **makes** green choices.

We should no longer use aerosols to protect the ozone layer.

It is important that public transport **is** more reliable and less expensive to encourage people to use it.

It is urgent that we stop overexploiting the planet's natural resources.

It is essential that the balance between nature and man **is restored** if we are to save the planet.

D Asuntos globales

Las desigualdades	Inequalities
la desigualdad entre los sexos	gender inequality
la desigualdad de oportunidades	inequality of opportunity
la desigualdad de ingresos	income inequality
la pobreza (infantil)	(child) poverty
la brecha social / digital	social/digital divide
el analfabetismo	illiteracy
el hambre en el mundo	hunger in the world
la distribución desigual de la riqueza	unequal distribution of wealth
los refugiados climáticos	climate refugees
los países en desarrollo	developing countries
el cuarto mundo	fourth world (poverty in rich countries)
la esclavitud moderna	modern slavery
Hay desigualdades en el acceso…	There are inequalities in accessing …
… a la educación / a la cultura.	… education/culture.
… al empleo / a la vivienda.	… employment/housing.
… a la atención médica / a la vacunación (COVID-19).	… medical care/(COVID-19) vaccination.
… a la justicia.	… justice.
En mi país vive mucha gente…	In my country, many people live …
… por debajo de la línea de pobreza.	… below the poverty line.
… en barrios desfavorecidos.	… in poor neighbourhoods.
… en condiciones insalubres.	… in unsanitary conditions.
… sin agua ni luz.	… without water or electricity.
Vivimos en un mundo muy desigual.	We live in a very unequal world.
En mi opinión, el racismo (institucional) es la fuente de muchas desigualdades.	In my opinion, (institutional) racism is the source of many inequalities.
Los grupos étnicos minoritarios son los primeros en sufrir desigualdades.	Ethnic minority groups are the first to suffer from inequalities.
Las personas de color suelen trabajar en trabajos mal pagados.	People of colour often have poorly paid jobs.
El sexismo todavía existe en nuestra sociedad.	Sexism still exists in our society.
Las brechas entre negros y blancos / hombres y mujeres son enormes.	The gaps between black people and white people/men and women are huge.
* Es difícil negar las desigualdades que existen entre países ricos y pobres.	**It is hard to deny** the inequalities that exist between rich and poor countries.
* Es innegable que en algunos países las niñas no tienen acceso a la educación.	**It is undeniable that** in some countries, girls do not have access to education.
* Es obvio que para las mujeres existe un techo de cristal en el mundo laboral.	**It is obvious that** for women, there is a glass ceiling in the world of work.
* Está claro que la pandemia de COVID-19 no ha hecho más que acentuar las desigualdades sociales.	**It is clear that** the COVID-19 pandemic has only intensified social inequalities.
La guerra	War
los conflictos armados	armed conflicts
los bombardeos	bombings
los ataques aéreos	air attacks
los atentados terroristas	terrorist attacks

la tortura	torture
el genocidio	genocide
los crímenes de lesa humanidad	crimes against humanity
las violaciones de derechos humanos	human rights violations
los soldados / el ejército / las fuerzas de ocupación	soldiers/army/occupation forces
la destrucción de ciudades / pueblos / viviendas / infraestructura	destruction of cities/villages/homes/infrastructure
la población civil	civilian population
las poblaciones desplazadas	displaced populations
los muertos y los heridos	dead and injured
luchar / combatir	to fight/to combat
cometer atrocidades (fpl)	to commit atrocities
estar herido(a)	to be injured
arriesgarse a ser asesinado(a)	to risk being killed
morir / perder la vida	to die/to lose your life
huir de las zonas de guerra	to flee war zones
correr el riesgo de ser tomado prisionero(a) / torturado(a) / violado(a)	to risk being taken prisoner/tortured/raped
Muchos están dejando sus países en guerra para…	Many people leave their war-torn country to …
… proteger a sus familias.	… protect their families.
… escapar de la muerte / sobrevivir.	… escape death/survive.
… ir a campos de refugiados.	… go to refugee camps.
Muchos supervivientes del conflicto lo han perdido todo y tienen que exiliarse.	Many survivors of conflicts have lost everything and have to go into exile.
La guerra causa mucho daño y profundos traumas psicológicos.	War causes a lot of damage and psychological trauma.
* Me parece espantoso que hoy en día los niños sigan sufriendo los efectos de la guerra.	**I find it appalling that** nowadays children **still suffer** from the effects of war.
* Me parece inaceptable que en algunos países los niños se vean obligados a luchar.	**I find it unacceptable that** in some countries children **are** forced to fight.
* Me parece aterrador que podamos usar armas químicas o bacteriológicas y tal vez incluso armas nucleares.	**I find it terrifying that** some **can** use chemical or bacteriological and maybe even nuclear weapons.
* Me parece increíble que una de cada cuatro personas viva en un país afectado por un conflicto.	**I find it unbelievable that** one in four people **lives** in a country affected by conflict.

Hacia un mundo mejor

Towards a better world

la escolarización	schooling
la alfabetización	literacy programmes
la igualdad de género	gender equality
el comercio justo	fair trade
el desarrollo sostenible	sustainable development
manifestarse / participar en manifestaciones	to demonstrate/to take part in demonstrations
ser voluntario(a) en una organización benéfica	to volunteer for a charity organization
participar en las iniciativas de una organización humanitaria	to join in the initiatives of a humanitarian organization
involucrarse en una causa	to get involved in/to campaign for a cause
Resolver problemas globales requiere …	Solving global issues requires …
… la acción de los gobiernos.	… the action of governments.

... la acción de las ONGs (organizaciones no-gubernamentales).

... la actuación de cada individuo.

Es imprescindible ...

... prohibir el trabajo infantil.

... educar a los niños.

... otorgar / conceder el derecho de asilo a refugiados políticos / a migrantes económicos.

... erradicar la pobreza a largo plazo.

... poner fin a los conflictos armados.

Si la riqueza se distribuyera de manera más equitativa, se reducirían las desigualdades e injusticias.

Si el comercio fuera más justo, la necesidad de ayuda internacional se reduciría a los países en vías de desarrollo.

La prioridad de los líderes de los países con menos recursos debe ser el bienestar de la población más vulnerable.

* La riqueza debería estar mejor distribuida para que pudiera beneficiar a todos.

Me siento muy privilegiado y quiero actuar para ayudar a las personas necesitadas.

Personalmente, apoyo el trabajo de Amnistía Internacional / Cruz Roja, etc.

* Espero que algún día todo el mundo pueda recibir tratamiento médico gratuito.

* Me gustaría que todos pudieran comer hasta saciarse.

* Es utópico sin duda, pero me gustaría que no hubiera más guerras y que el mundo estuviera en paz.

... the action of NGOs (non-governmental organizations).

... the action of each individual.

It is essential to ...

... ban child labour.

... send children to school.

... grant asylum to political refugees/to economic migrants.

... eradicate poverty in the long term.

... end armed conflicts.

If money was distributed more fairly, inequality and injustice would be reduced.

If trade were more equitable, the need for international aid to developing countries would be reduced.

The priority of leaders in poor countries should be the welfare of the most vulnerable people.

Wealth should be better shared **so that** it **can** benefit everyone.

I feel very privileged, and I want to do something to help people in need.

I personally support the work of Amnesty International/ the Red Cross, etc.

I hope that one day everyone **will be able to** get free medical care.

I would like everyone to **have** enough to eat.

It's utopian no doubt, but **I would like** wars **to end** and the world **to be** at peace.

Palabras útiles

A Léxico útil

Los saludos	Greetings
Buenos días (señor/señora/damas y caballeros).	Good morning/Hello (Sir/Madam/Ladies and Gentlemen). (*when addressing people, eg in a shop*)
Buenas tardes.	Good evening.
Bienvenido(a).	Welcome.
Encantado(a) de conocerte / conocerle.	Lovely to meet you.
Un placer conocerte/conocerle.	Pleased to meet you.
¡Hola!	Hi!
¡Chao!	Bye !/Goodbye!
Adiós.	Goodbye.
Nos vemos luego / pronto.	See you later./See you in a bit.
Nos vemos en un rato.	See you later.
Hasta pronto.	See you soon.
Hasta mañana.	See you tomorrow.
Hasta la próxima semana.	See you next week.
Que tengas (un) buen día.	Have a good day.
Buenas tardes. Que tengas (una) buena tarde.	Good afternoon./Have a good afternoon.
Buenas tardes. Que tengas (una) buena tarde.	Good evening./Have a good evening.
Buenas noches.	Good night.
Que tengas (una) buena semana.	Have a good week.
Buen fin de semana.	Have a good weekend.
Que tengas unas buenas vacaciones.	Have a good holiday./Enjoy your holiday.
¡Todo lo mejor!	All the best!
¡Buena suerte!	Good luck!
¡Felicitaciones! / ¡Enhorabuena!	Congratulations!
¡Salud! / ¡Jesús!	Bless you! (*when someone sneezes*)
¡Salud! ¡A tu/su salud!	Cheers!
¿Cómo está(s)?	How are you?
¿Cómo te/le va?	How are you doing?
Estoy bien. ¿Y tú/usted?	I am fine! What about you?
Voy (bastante / muy) bien.	I'm doing (fairly/very) well.
No me va (tan / demasiado) bien.	I'm not doing (too) great.
Nada mal.	Not too bad.
No estoy nada bien.	I'm not well at all.
¿Qué hay de nuevo? ¿Qué te cuentas? (col)	What's new?
Nada de especial.	Nothing special.
No mucho. / No gran cosa.	Not a lot./Not much.
por favor	please
(Muchas) gracias.	Thanks (a lot).
Te/Se lo agradezco.	Thank you.
De nada.	You're welcome.
No hay de qué. / No es molestia.	You're welcome. (*or* Don't mention it.)

Lo siento.	Sorry.
Perdón. / Disculpa. / Disculpe.	Excuse me./I beg your pardon.
Perdóname. / Perdóneme.	Sorry./Excuse me, please.
¿Nos tuteamos?	Shall we say 'tú' to each other? (*sign of being informal*)
Prefiero tratarle de «usted».	I prefer to say 'usted' to you.

Las cifras y los números — Figures and numbers

0 = cero	zero
1 = uno / primero(a)	one/the first
2 = dos / segundo(a)	two/the second
3 = tres / tercero(a)	three/the third
4 = cuatro / cuarto(a)	four/the fourth
5 = cinco / quinto(a)	five/the fifth
6 = seis / sexto(a)	six/the sixth
7 = siete / séptimo(a)	seven/the seventh
8 = ocho / octavo(a)	eight/the eighth
9 = nueve / noveno(a)	nine/the ninth
10 = diez / décimo(a)	ten/the tenth
11 = once	eleven
12 = doce	twelve
13 = trece	thirteen
14 = catorce	fourteen
15 = quince	fifteen
16 = dieciséis	sixteen
17 = diecisiete	seventeen
18 = dieciocho	eighteen
19 = diecinueve	nineteen
20 = veinte	twenty
21 = veintiuno	twenty-one
22 = veintidós	twenty-two
30 = treinta	thirty
31 = treinta y uno	thirty-one
32 = treinta y dos	thirty-two
40 = cuarenta	forty
50 = cincuenta	fifty
60 = sesenta	sixty
70 = setenta	seventy
80 = ochenta	eighty
90 = noventa	ninety
100 = cien	one hundred
200 = doscientos	two hundred
1000 = mil	one thousand
2000 = dos mil	two thousand
1 millón / mil millones	1 million/1 billion
una decena / una docena / una treintena	about 10/a dozen/about 30
alrededor de / unos 70	roughly 70

una centena / un millar	about 100/1000
10,5 = diez coma cinco	10.5 = ten point five
¼ = un cuarto	a quarter
⅓ = la tercera parte	a third
½ = la mitad	half

Expresiones de cantidad / Expressions of quantity

un poco de	a few/a little/not very much
mucho	a lot of
un montón de (col)	quite a few (of)
lleno(a) de	lots of
una serie de	a number of
la gran parte de	most of
una parte de	some of
la mayoría de	the majority of
la minoría de	the minority of
un porcentaje de	a percentage of
10% (diez por ciento) de	10 per cent of
más / menos	more (of) / less (of), fewer
(no) suficiente(s) / bastante(s)	(not) enough of
demasiado(a)	too much, too many
una cantidad de	a lot of
tanto(a)	as much/as many
aproximadamente / alrededor de	around, about
un litro de	a litre of
un gramo de	a gram of
un kilo de	a kilo of
una libra de	a pound of
una botella de	a bottle of
una caja de	a carton/a box of
una lata de	a can/a tin/a box of
un paquete de	a packet of
un saco de / una bolsa de	a bag of
un frasco de	a jar of
un tubo de	a tube of
una taza de	a cup of
un vaso de	a glass of
una rebanada de / una loncha de	a slice of
una parte de / una porción de	a slice of/a piece of
una pizca de	a pinch of

Expresiones de tiempo / Expressions of time

Los días de la semana / Days of the week

el lunes / los lunes	Monday/on Mondays
el martes / todos los martes	Tuesday/every Tuesday
el miércoles / todos los miércoles	Wednesday/every Wednesday
el jueves / cada dos jueves	Thursday/every second Thursday

el viernes / un viernes al mes	Friday/one Friday a month
el sábado / un sábado al año	Saturday/one Saturday a year
el domingo / los domingos no	Sunday/not on Sundays
de lunes a viernes	from Monday to Friday
excepto domingos y feriados / festivos	except Sundays and public holidays
cada dos días	every other day
la semana próxima / pasada	next week/last week
hace dos días / hace una semana	two days ago/a week ago
en dos días / en un mes	in two days/in a month
durante quince días / una quincena / dos semanas	for a fortnight (*or* two weeks)

Los meses del año — Months of the year

(en) enero	(in) January
febrero	February
marzo	March
abril	April
mayo	May
junio	June
julio	July
agosto	August
septiembre	September
octubre	October
noviembre	November
diciembre	December
(a) principios de enero / (a) finales de marzo / (a) mediados de mayo	(at) the beginning of January/(at) the end of March/(in) mid-May

Las cuatro estaciones — The four seasons

(en la) primavera	(in the) spring
(en el) verano	(in the) summer
(en el) otoño	(in the) autumn, fall
(en el) invierno	(in the) winter

La fecha — The date

Es 1 de enero. / Estamos a 1 de enero.	It is the 1st of January.
El 10 de junio es lunes.	The 10th June is a Monday.
hoy	today
mañana / pasado mañana	tomorrow/the day after tomorrow
mañana por la mañana / a mediodía / por la tarde / por la noche	tomorrow morning/noon/afternoon/evening
ayer / anteayer (*o* antes de ayer)	yesterday/the day before yesterday
ayer por la mañana / a mediodía / por la tarde / por la noche / anoche	yesterday morning/noon/afternoon/evening/last night

La hora — The time

¿Qué hora es?	What time is it?/What's the time?
Es la una.	It is one o'clock.
Es (el) mediodía / (la) medianoche.	It is midday/midnight.

Son...

    ... las dos (en punto).

        ... y cinco / diez / veinte / veinticinco.

        ... menos veinticinco / menos veinte / menos diez /menos cinco.

        ... y cuarto / y media / menos cuarto.

    ... cuatro y diez / quince / veinte / veinticinco / treinta / treinta y cinco.

Es la una de la tarde. / Son las dos de la tarde. / Son las doce de la noche.

a las 10

en diez minutos / en dos horas

Expresiones temporales

antes

después

durante

para

hacia

desde

hasta

a / por la mañana

al mediodía

a / por la tarde

a / por la noche

(durante) la noche

(durante) la semana / el fin de semana

La frecuencia

usualmente / habitualmente / normalmente

generalmente / en general

regularmente / con frecuencia / frecuentemente

a menudo / tan a menudo como sea posible

siempre / todo el tiempo / constantemente

todos los días / todas las mañanas / todos los fines de semana

cada dos días / dos meses / dos años

de vez en cuando / a veces / de cuando en cuando / ocasionalmente

raramente / rara vez

(casi) nunca / jamás

una vez al día / a la semana / al mes

varias veces al mes

como siempre

La cronología

primero

primeramente / para empezar

luego / a continuación

It's ...

    ... two (o'clock).

    ... five past/ten past/twenty past/twenty-five past two.

    ... twenty-five to/twenty to/ten to/five to two.

    ... quarter past/half past/quarter to two.

    ... four ten/fifteen/twenty/twenty-five/thirty/ thirty-five.

It is 1 pm/2 pm/midnight.

at 10 o'clock

in 10 minutes (' time)/in two hours (' time)

Expressions of time

before

after

during/for

during/for

at about

since/for

until

(in) the morning

(at) lunchtime

(in) the afternoon

(in) the evening

(during) the night

(during) the week/(at) the weekend

Frequency

usually/normally

generally

regularly/frequently

often/as often as possible

always/all the time

every day/every morning/every weekend

every two days/two months/two years

from time to time/sometimes/on occasion/occasionally

rarely

hardly ever/never

once a day/week/month

several times a month

as usual

Sequence

first

firstly/to start with

then/next

antes (de eso) / después (de eso)	before (that)/after (that)
antes de (+ *infinitivo*)	before (+ ... *ing*)
después de tener / haber (+ *participio pasado pasado*)	after (+ ... *ing*)/having (*done something*)
finalmente / al término de / al finalizar / al final / para terminar	finally/in the end

Geografía / Geography

Los países hispanohablantes / Spanish-speaking countries

en/de/desde (+ *países*)	in/from
... Argentina / Bolivia / Chile / Colombia / Costa Rica / Cuba/ Ecuador / El Salvador / España / Guatemala / Guinea Ecuatorial / Honduras / Nicaragua / Panamá / Perú / Puerto Rico / Paraguay / República Dominicana / Uruguay / Venezuela	... Argentina/Bolivia/Chile/Colombia/Costa Rica/Cuba/ Ecuador/El Salvador/Spain/Guatemala/Equatorial Guinea/ Honduras/Nicaragua/Panama/Peru/Puerto Rico/Paraguay/ Dominican Republic/Uruguay/Venezuela

Los continentes / Continents

África	Africa
América (Norteamérica, Centroamérica, Sudamérica)	North/Central/South America
La Antártida	Antarctica
Asia	Asia
Europa	Europe
Oceanía	Oceania

Los puntos cardinales / The points of the compass

en el norte / al norte (de ...)	in the north/in *or* to the north (of ...)
en el este / al este (de ...)	in the east/in *or* to the east (of ...)
en el sur / al sur (de ...)	in the south/in *or* to south (of ...)
en el oeste / al oeste (de ...)	in the west/in *or* to the west (of ...)

Indicar la ubicación / To indicate a place

dentro	in
delante / detrás (de)	in front (of)/behind
sobre, encima (de) / debajo (de)	on (top of)/under
por encima (de), arriba / por debajo (de), abajo	above/below
encima / debajo (de)	at the top/at the bottom (of)
a la izquierda / derecha (de)	(to the) left/right (of)
dentro / en el interior (de)	(on the) inside (of)
fuera / en el exterior (de)	(on the) outside (of)
al borde (de)	at the edge (of)/by
en/a las afueras (de)	on the outskirts (of)
al lado (de)	next (to)
en frente (de)	in front (of)/opposite
en la esquina (de/con)	at/on the corner (of)
cerca (de) / lejos (de)	near (to)/far (from)
en el medio (de)	in the middle (of)
en el centro (de)	at/in the centre (of)
alrededor (de)	around
al pie (de)	at the foot (of)
entre	(in)between
contra	against
lado a lado / uno(a) al lado del otro(a)	side by side

en (la) casa de alguien	at someone's house/place
aquí / acá	here
allí / allá	there
por allí / por allá	over there
por aquí / por allí	this way/that way
cerca de aquí / lejos de aquí	near here/far from here
dentro / fuera	inside/outside
en otra parte / en otro sitio	elsewhere
en cualquier lugar / sitio	anywhere
por todas partes	everywhere
en algún lugar	somewhere
en ninguna parte / por ningún sitio	nowhere

Colores, patrones, formas, materiales — Colours, patterns, shapes, materials

¿De qué color es?	What colour is it?
plata	silver
beige	beige
blanco(a)	white
azul / azul celeste / azul marino	blue/sky blue/dark blue
bermellón	burgundy/maroon
dorado(a)	gold/golden
gris / gris claro / gris oscuro	grey/light grey/dark grey
amarillo (limón)	(lemon) yellow
marrón	brown
violeta	purple
negro(a)	black
naranja	orange
rosa / rosa vivo / rosa pálido	pink/bright pink/pale pink
rojo(a)	red
turquesa	turquoise
verde / verde oliva / verde manzana	green/olive green/apple green
lila	purple
multicolor	multicoloured
colorido(a)	colourful
un póster (o cartel) rojo y amarillo/ unas banderas rojas y amarillas	red and yellow poster/flags
un anuncio / una película en blanco y negro	black and white advertisement/film

Los patrones — Patterns

liso(a)	plain
a rayas / rayado(a)	stripy
punteado(a) / con puntos	dotted
a cuadros	checked
con flores	flowery

¿Qué forma tiene?	What shape is it?
un cuadrado / es cuadrado(a)	square/it's square
un rectángulo / es rectangular	rectangle/it's rectangular

un triángulo / es triangular	triangle/it's triangular
un círculo / es redondo(a)	circle/it's round
un diamante	diamond shape
una línea	line
una cruz	cross
una estrella	star

¿De qué (material) está hecho? — What is it made of?

de madera	(made of) wood/wooden
de plástico (de un solo uso)	(made of) plastic/single-use plastic
de metal	(made of) metal
de oro	(made of) gold
de plata	(made of) silver
de piedra	(made of) stone
de hormigón	(made of) concrete
de papel	(made of) paper
de cartón	(made of) cardboard
de vidrio	(made of) glass
de tela	(made of) fabric
de lana	(made of) wool/woollen
de algodón	(made of) cotton
de seda	(made of) silk
de lino	(made of) linen
de cuero	(made of) leather
de terciopelo	(made of) velvet
de nylon / lycra	(made of) nylon/lycra
de material reciclado / reciclable	(made of) recycled/recyclable material

Las partes del cuerpo — Parts of the body

la cabeza	head
el pelo / el cabello	hair
la frente	forehead
el ojo / los ojos	eye/eyes
las pestañas	eyelashes
las cejas	eyebrows
la nariz	nose
la mejilla	cheek
la boca	mouth
el labio	lip
la lengua	tongue
el diente	tooth
la oreja / el oído	ear
el mentón / la barbilla	chin
el cuello	neck
la garganta	throat
el torso	torso
la espalda	back

el hombro	shoulder
el brazo	arm
el codo	elbow
la muñeca	wrist
la mano	hand
el dedo / el pulgar	finger/thumb
la uña	nail
el pecho	chest/breast
el vientre	stomach/belly
el estómago	stomach/belly
la pierna	leg
el muslo	thigh
la pantorrilla	calf
la rodilla	knee
el tobillo	ankle
el pie	foot
el talón	heel
el dedo del pie	toe
los órganos (vitales)	(vital) organs
el cerebro	brain
el corazón	heart
los pulmones	lungs
los riñones	kidneys
el hígado	liver
los intestinos	intestines/guts
los músculos	muscles
la sangre	blood
la piel	skin
Los cinco sentidos	The five senses
la vista	sight
el oído	hearing
el olfato	smell
el tacto	touch
el gusto	taste

Expresiones idiomáticas	Idiomatic phrases
Con el verbo *ir*	With the verb *ir*
¡Vamos! / ¡Adelante!	Let's go!/Go!
¡A por ello!	Let's go!
ir con pies de plomo (id)	to be cautious (*lit: to go with lead feet*)
irse con la música a otra parte (id)	to leave (*lit: to go elsewhere with the music*)
Con el verbo *tener*	With the verb *tener*
tener xx años	to be xx years old
tener hambre / sed / sueño	to be hungry/thirsty/tired
tener frío / calor	to be hot/cold
tener mareos / nostalgia	to feel seasick/homesick

tener aversión (a)	to hate
tener (muchas) ganas de (hacer algo)	to look forward to (doing something)
tener dolor (de / en)	(something) hurts
tener problemas (con / para)	to struggle (to)
tener cuidado (con)	to watch out (for)
(no) tener razón	(not) to be right
tener miedo (de / a)	to be scared (of)
tener vergüenza (de)	to be ashamed (of)
tener suerte	to be lucky
tener pena	to be sad
tener paciencia	to be patient
tener encanto	to be charming
tener un lapsus	to have a lapse of memory
tener una avería (quedarse sin gasolina / tener un fallo de motor)	to have a breakdown (to run out of petrol/to have engine failure)
tener dinero	to have money
tener que (+ *infinitivo*)	to have to
tener prisa	to be in a hurry
tener la oportunidad de (+ *infinitivo*)	to have the opportunity to
tener el hábito de (+ *infinitivo*)	to be used to
tener la intención de (+ *infinitivo*)	to intend to
tener lugar	to take place
no tener nada que ver con …	to have nothing to do with …
tener confianza en alguien	to trust someone
tener ahorros	to have savings
Con el verbo *dar*	With the verb *dar*
darle hambre / sed	to make someone hungry/thirsty
dar vértigo	to make someone feel dizzy
dar una bofetada / una patada / un beso	to slap/to kick/to kiss
dar / echar una mano (col) (id)	to give a hand
dar un toque / telefonazo (col) (id)	to call someone (on the phone)
dar carne de gallina	to give someone goose bumps
darse cuenta (de algo)	to realize (something)
dar clases	to teach
(no) dar la gana (col) (id)	to (not) feel like …
dar ejemplo	to set an example
dar por (+ *infinitivo*)	to take to …
dado que	given that
dar mucho trabajo	to take great trouble
darse de baja	to unsubscribe
darse de alta	to register
dar igual	to make no difference
dar un paseo	to take a walk
dar media vuelta	to turn around/make a U-turn
dar un beso	to kiss

Con el verbo *estar* | With the verb *estar*

estar en medio de (+ *infinitivo*)	to be (in the middle of) (doing something)
estar en la cima	to feel great/to be on top form
estar equivocado(a) / en lo correcto	to be wrong/right
Estás en lo cierto. / ¡Exactamente!	That's right!/Exactly!
Está listo. / ¡Hecho!	That's it, done!
estar en (+ *lugar*)	to be in (+ *location*)
estar enfermo(a) / sano(a)	to be sick/healthy
estar feliz / triste	to be happy/sad
estar bueno(a) (col)	to be pretty/handsome/tasty
estar verde (col) (id)	to be immature (*lit: to be green*)
estar deprimido(a)	to feel down/depressed
estar nervioso(a)	to feel nervous/to have stage-fright
estar harto(a)	to be fed up
estar en forma	to be fit

Con el verbo *hacer* | With the verb *hacer*

hacer una carrera	to do a degree
hacer un buen papel (id)	to play a good role
hacer feliz (a alguien)	to please (someone)/to make someone happy
hacer caso (a alguien)	to pay attention (to someone)
hacer la comida	to cook
hacer que (+ *verbo conjugado*) (hago que vuelo)	to pretend to (I pretend I'm flying)
hacer daño a alguien	to hurt someone (emotionally or morally)
hacer (el) bien / mal	to do someone some good/harm
hacer sombra (a alguien)	to outshine (someone)
hacer tonterías	to fool around/to act foolishly
hacer un viaje	to travel
hacer algo a propósito / aposta	to do (something) on purpose
hacerse tarde	to get late
hacer que alguien se sienta como en su casa	to make someone feel at home
hacer preguntas	to ask questions
No hay nada que hacer.	There's nothing that can be done.
Eso no se hace.	You just don't do that.
Hace diez días desde que …	It's been 10 days since …
hacer borrón y cuenta nueva (id)	to wipe the slate clean
hacer algo al pie de la letra (id)	to do something very precisely

Con el verbo *poner* | With the verb *poner*

poner la tele / la radio	to switch on the television/the radio
poner la mesa	to lay the table
ponerse al día	to update
ponerle muchas horas a algo	to spend hours doing something
ponerse como loco(a)	to get mad
ponerse a comer	to sit down to eat
ponerse a dieta / régimen	to go on a diet
ponerse a trabajar	to start working

ponerle el cascabel al gato (id)	to bell the cat (id) (*to attempt an impossibly difficult task*)
Con el verbo *pasar*	With the verb *pasar*
pasar (el) tiempo	to spend time
¡Cómo se pasa la vida! ¡El tiempo vuela!	Time flies!
Hay que pasar este mal momento / esta mala racha.	It's just a rough patch.
pasar un buen momento / rato	to have a good time
pasar la mañana / el día / la tarde (+ *gerundio*)	to spend the morning/the day/the evening (+ *-ing*)
pasar / prestar algo a alguien	to loan something to someone
pasar a otro tema	to change the subject
pasar por alto	to ignore
pasar(se) sin algo / alguien	to do without something/someone
¿Qué pasa?	What's happening?/What's up?
La he pasado / Me lo he pasado muy bien hoy.	I had a great time today.
pasar de algo / alguien (col)	to not show interest in something/someone
Con el verbo *ser*	With the verb *ser*
ser (+ *nacionalidad*)	to be (+ *nationality*)
ser (+ *religión*)	to be (+ *religion*)
ser (+ *profesión*)	to be a (+ *profession*)
Soy de Montevideo. (*origen*)	I'm from Montevideo.
ser un lobo con piel de cordero (id)	to be a wolf in sheep's clothing (id)
ser más bueno que el pan (id)	to be as good as gold
No es nada del otro mundo.	It's nothing to write home about.
ser (+ *adjetivo*)	to be (+ *adjective*)
ser bello(a)	to be beautiful
ser alto(a) / bajo(a)	to be tall/short
ser positivo(a) / negativo(a)	to be positive/negative
ser (+ *sustantivo*)	to be a (+ *noun*)
Es un gallina. (id)	He is a coward. (*lit: He is a chicken.*)
Es un don nadie. (id)	He is a nobody.

Expresiones con *pronombres exclamativos*	Expressions with *exclamatory pronouns*
¡Cuántos invitados han llegado!	How many guests have arrived!
¡Cuánto ha nevado!	How much it has snowed!
¡Qué calor / frío hace!	How hot/cold it is!
¡Qué gusto saludarte! / ¡Cómo me alegro de verte !	So nice to see you!
¡Cómo has crecido!	How you've grown!
¡Qué elegante te ves!	How elegant you look!
¡Qué injusticia!	What an injustice!
¡Qué alegría me has dado!	You've made my day!
¡Qué imagen tan interesante!	What an interesting picture!
¡Cuántos nervios te da el oral del ab initio!	How nerve-racking the Ab Initio exam is for you!

B Para el examen oral

Comentar una imagen

Impresiones generales (¿Qué? ¿Dónde? ¿Cuándo? ¿Quién?)

Esta es una foto sobre...

La imagen presenta / aborda el tema de...

En este dibujo, hay / se ve / se trata...

Esta ilustración me hace pensar en...

La escena tiene lugar / se desarrolla...

   ... en... (+ *lugar*).

   ... en el exterior / interior.

   ... en una ciudad / en un pueblo.

   ... en el campo / en las montañas.

   ... en la orilla del mar / en la playa.

   ... en una calle / plaza.

   ... en un parque / jardín público.

   ... en una tienda / un mercado.

   ... en un centro comercial / polideportivo.

   ... en una escuela / en un aula.

   ... durante una fiesta (familiar).

   ... durante un evento deportivo.

La foto está tomada/sacada... (+ *tiempo*)

   ... durante el día / la noche.

   ... por la mañana / tarde / noche.

   ... en primavera / verano / otoño / invierno.

el tiempo es agradable / malo / caluroso / frío

el cielo está despejado / nublado

hace sol / está soleado

está lloviendo / está nevando

En la foto, vemos / distinguimos / observamos / notamos...

Hay...

   ... una persona / una familia / un pueblo.

   ... un hombre (joven / viejo) / una mujer (joven / vieja) / un niño(a).

   ... un adulto / un(a) joven / un(a) adolescente.

   ... una persona de mediana (edad) / una persona mayor *o* un(a) anciano(a).

   ... una pareja (joven/mayor *o* anciana).

   ... un grupo de personas / adolescentes.

La imagen trata sobre el tema de las vacaciones. La escena tiene lugar junto al mar. Como el tiempo es agradable y cálido, el cielo está despejado y hace sol. Podemos decir que la foto se sacó en verano, durante el día. Vemos varios grupos de personas en una playa, especialmente familias con niños.

Describing an image

General impressions (What? Where? When? Who?)

It's a photo about ...

The picture tackles the theme of ...

In this drawing, there is/are .../This drawing is about ...

This illustration makes me think of ...

The scene takes place ...

   ... in/at ... (+ *place*).

   ... outside/inside.

   ... in a town (*or* city)/in a village.

   ... in the countryside/in the mountains.

   ... by the sea/on a beach.

   ... on a street/on (*or* in) a square.

   ... in a park.

   ... in a shop/at a market.

   ... in a shopping mall/in a sports centre.

   ... in a school/in a classroom.

   ... during a (family) party/celebration.

   ... during a sporting event.

The photo is taken/was taken ... (+ *time*)

   ... during the day/night.

   ... in the morning/in the afternoon/in the evening.

   ... in spring/summer/autumn (*or* fall)/winter.

the weather's nice/bad/hot/cold

the sky's blue/cloudy

the sun is shining

it's raining/it's snowing

In the photo, you can see/make out/observe/notice ...

There is (are) ...

   ... a person/a family/people.

   ... a (young/old) man/a (young/old) woman/a child.

   ... an adult/a young person/a teenager.

   ... a middle-aged person/an elderly person.

   ... a (young/old) couple.

   ... a group of people/of teenagers.

The picture is on the theme of holidays. The scene takes place at the seaside. As the weather is nice and warm, the sky is clear and it is sunny. We can say that the photo is taken in summer, during the day. We see several groups of people on a beach, mostly families with children.

Please refer to page 84 to see the image to match this description

Con más detalles	In more detail
a la derecha / a la izquierda / en el centro de la imagen	on the right/on the left/in the centre of the picture
arriba / abajo	at the top/bottom
arriba a la izquierda / abajo a la derecha	on the top left/on the bottom right
junto a / delante de	next to/opposite
en el medio / en la esquina	in the middle/in the corner
delante / detrás	at the front/at the back
en primer plano / en segundo plano	in the foreground/in the middle distance
en el fondo	in the background
de cerca	close up
La mujer es alta / baja / bastante fuerte / muy delgada.	The woman is tall/short/quite large/very thin.
Viste / Lleva...	She's/He's wearing ...
... ropa elegante / informal.	... smart/casual clothes.
... ropa deportiva / de trabajo / de protección.	... sportswear/work clothes/protective clothing.
... unos pantalones / unos pantalones cortos / unas mallas (o calzas) / un mono.	... trousers/shorts/leggings/dungarees.
... un vestido / una falda / un traje.	... a dress/skirt/suit.
... una camisa / una blusa / una camiseta / un top.	... a shirt/blouse/T-shirt/top.
... un pullover / un suéter / un cárdigan.	... a pullover/sweater/cardigan.
... una campera (o una chaqueta) / un anorak / un abrigo.	... a jacket/anorak/coat.
... un jogging (o chándal) / un traje de baño (o bañador).	... a tracksuit/swimsuit.
... un mameluco (o un mono de trabajo) / EPP (equipo de protección personal).	... work overalls/PPE (personal protective equipment).
... un sombrero / una gorra / un gorro.	... a hat/cap/woolly hat (or beanie).
... unos zapatos / unas sandalias / unas botas.	... shoes/sandals/boots.
... una bufanda / un chal.	... a scarf/shawl.

Él / Ella (no) tiene aspecto de...	He/She seems/doesn't seem ...
Él / Ella parece...	He/She appears/seems to be ...
... feliz / infeliz / triste.	... happy/unhappy/sad.
... contento(a) / insatisfecho(a).	... pleased/displeased.
... concentrado(a) / soñador(a).	... focused/dreamy.
... en (buena) forma / cansado(a)/ enfermo(a).	... in good shape/tired/ill.
... relajado(a) / estresado(a).	... relaxed/stressed out.
... interesado(a) / indiferente.	... interested/disinterested.
... asombrado(a) / hastiado(a).	... surprised/indifferent (*or* jaded).

En el primer plano de la imagen, en la parte inferior derecha, hay un hombre con ropa muy informal ya que viste unos pantalones cortos verdes, camiseta blanca y sandalias. También lleva una gorra azul y blanca y usa lentes o gafas de sol. Parece feliz y relajado, probablemente porque está de vacaciones.

In the foreground of the picture, bottom right, there is a man in a very casual outfit as he is wearing green shorts, a white T-shirt and sandals. He has also put on a blue and white cap and he wears sunglasses. He looks happy and relaxed, probably because he is on holiday.

Please refer to page 84 to see the image to match this description

Describe lo que está sucediendo (probabilidades)	Describing what is happening (probability)
estar (+ *gerundio*)	to be (in the process of) doing (something)
acabar de (+ *infinitivo*)	to have just done (something)
estar a punto de (+ *infinitivo*)	to be about to do (something)
parece que (+ *verbo*)	to look like doing (something)
Hay alguien caminando.	There is someone/a person who is taking a walk.
La persona de la izquierda está sentada / de pie / acostada.	The person on the left is sitting/standing/lying down.
Vemos a un grupo de personas hablando.	We can see a group of people who are chatting.
Me imagino que se están preparando ...	I (would) guess they are in the middle of getting ready ...
Parece que la gente acaba de llegar.	It looks as if the people have just arrived.
Me parece que está a punto de tomar el autobús.	It seems he's just about to get on the bus.
La gente parece divertirse/aburrirse.	The people seem to be (*or* look as if) they're having fun/are bored.
Me parece que es una celebración familiar.	**It seems to me that this is** a family celebration.
Creo/Pienso que es un festival de música.	**I believe/I think it is** a music festival.
No creo/pienso que esto sea una competición deportiva.	**I don't believe/I don't think it's** a sports competition.
Es probable que sea un concierto al aire libre.	**It may be** an open-air concert.
Es poco probable que sea una reunión entre amigos.	**It is unlikely to be** a gathering of friends.

Hay un hombre que está de pie y que parece estar mirando la playa. Probablemente sea el salvavidas o socorrista de la playa. Parece que está hablando con unos chicos que acaban de entrar al mar. Imagino que les va a decir que tengan cuidado porque hay grandes olas.

There is a man who is standing and who looks like he is watching the beach. It's likely he is the beach guard. It looks like he is talking to some children who have just gone into the sea. I guess he is about to tell them to be careful because there are big waves.

Please refer to page 84 to see the image to match this description

Vínculos con la cultura hispana	Links to Spanish-speaking cultures
Esto es Nicaragua / (país de habla hispana)...	This is Nicaragua/Spanish-speaking country ...
Sabemos que es en Guatemala / en un país de habla hispana...	We know that it is in Guatemala/in a Spanish-speaking country ...
Es obvio que la escena tiene lugar en México / en un país de habla hispana porque...	It is obvious that the scene takes place in Mexico/a Spanish-speaking country because ...

Podemos suponer que esta es una ciudad de habla hispana...

> ... porque vemos...

> ... por la presencia de...

> ... por el hecho de que hay...

Hay letreros que dicen que la foto fue tomada en Perú / un país de habla hispana.

Por lo que veo, me imagino que es en Costa Rica / un país de habla hispana.

En mi opinión, el estilo de los edificios / de la ropa es típicamente venezolano / típico de (país de habla hispana).

Hasta donde yo sé / Que yo sepa, lo que ves en la imagen es...

> ... típicamente uruguayo / típico de país de habla hispana.

> ... una tradición española / una tradición de país de habla hispana.

Comparar con tu propio país (similitudes y diferencias)

al igual que / lo mismo que / de la misma manera (que)

de una manera diferente / diferente (de)

contrario a (lo que)

mientras que / cuando

lo que es similar / diferente en los dos países es (que)

En España, son más/menos (+ *adjetivo*) que... / tan (+ *adjetivo*) como...

En este país hispano, hay más / menos / tantos(as) (+ *sustantivo*) como...

Este/Esta es el / la más / menos (+ *adjetivo*).

Estos/Estas son los / las más / menos (+ *adjetivo*).

Dar tu opinión sobre la foto

Elegí esta imagen porque...

(No) me gusta mucho esta foto porque...

Esta foto me interesó de inmediato porque...

Esta imagen me llama porque...

Lo que me llama la atención aquí es que (+ *subjuntivo*)...

Lo que me sorprende / asombra es que (+ *subjuntivo*)...

Lo que encuentro interesante / sorprendente / impactante es que (+ *subjuntivo*)...

Esta escena me recuerda a...

---

* Me gusta esta imagen. Sabemos que es Uruguay por la presencia de la bandera. Me parece interesante y me llama porque me recuerda a mis vacaciones junto al mar cuando era pequeña. Sin embargo, lo que me sorprende de esta ilustración es que la playa **esté** tan sucia. Vemos mucho desperdicio, a diferencia de nuestro país donde las playas son muy limpias.

We can guess that it is a Spanish/Latin American/ Spanish-speaking city ...

> ... because we see ...

> ... by the presence of ...

> ... by the fact that there are ...

The signs indicate that the photo was taken in Peru/in a Spanish-speaking country.

From what I can see, I imagine that it is in Costa Rica/in a Spanish-speaking country.

In my opinion, the style of buildings/clothing is typically Venezuelan/typical from (a Spanish-speaking country).

As far as I know, what you see in the picture is ...

> ... typically Uruguayan/typical from a Spanish-speaking country.

> ... a Spanish tradition/a tradition from a Spanish-speaking country.

Comparing with your own country (similarities and differences)

as well as (what)/similarly to (what)/in the same way (as)

differently

contrary to (what)

whilst

what is similar/different in the two countries is (that)

In Spain, they are more/less (+ *adjective*) than ... /as (+ *adjective*) as ...

In this Spanish-speaking country, there is/there are more (+ *noun*)/fewer (+ *noun*) than/as many (+ *noun*) as ...

It's the most/least (+ *adjective*).

They're the most/least (+ *adjective*).

Giving your opinion on the photo

I chose this image because...

I really like/I don't really like this picture because...

I was immediately interested in this picture because ...

This picture speaks to me because ...

What I find thought-provoking/compelling here is (that) ...

What surprises/shocks me is (that) ...

What I find interesting/surprising/shocking is (that) ...

This scene makes me think of/reminds me of ...

I like this picture. We know that it is Uruguay by the presence of the flag. I find it interesting and it appeals to me because it reminds me of my holidays by the sea when I was little. But what shocks me about this picture is that the beach **is** so dirty. You can see a lot of rubbish, unlike in our country where the beaches are very clean.

Please refer to page 84 to see the image to match this description

Para el examen oral: responder a las preguntas

For the oral exam: answering questions

Las palabras interrogativas

Question words

¿Qué...?	What ...?
¿Qué tipo de...?	What sort of ...?
¿Quién? / ¿Quiénes...?	Who?
¿A quién? / ¿Con quién? / ¿Para quién?	To whom?/With whom?/For whom?
¿Cuándo?	When?
¿Desde cuándo? / ¿Por cuánto tiempo?	Since when?/For how long?
¿Dónde? / ¿Desde dónde? / ¿Por dónde?	Where?/From where?/Which way?
¿Cómo (es que)...?	How ...?
¿Por qué? / ¿Por qué razón?	Why?
¿Cuánto/a...? / ¿Cuántos/as...?	How much/How many ...?
¿Cuántas veces? / ¿Cada cuánto tiempo?	How many times/How often?
¿Durante cuánto tiempo?	For how long?
¿A qué hora?	At what time?
¿A qué edad?	At what age?
¿Cuál (es)?	Which (one/s)?/What ...?
¿Qué tipo de...?	What kind of ...?/What sort of ...?
¿Hay...?	Is there ...? (or Are there ...?)
¿Puedes hablar sobre / describir...?	Can you speak about/describe ...?
¿Qué piensas sobre eso?	What do you think about that?
¿Puedes decirme qué piensas de...?	Can you tell me what you think about ...?
¿Qué opinas de esto?	What's your opinion on this?
¿Está(s) de acuerdo conmigo / con eso?	Do you agree with me/with that?
¿Está(s) de acuerdo en que...?	Do you agree that ...?

Dar tu opinión

Giving your opinion

yo personalmente...	personally, I ...
en mi opinión	in my opinion
por mi parte, ... / en lo que a mí respecta...	as far as I'm concerned, ...
desde mi punto de vista...	for my part, ... / as for me, ...
que yo sepa	as far as I know
encuentro que...	I find that ...
pienso que...	I think that ...
creo que...	I believe that ...
no creo que... / no pienso que... (+ *subjuntivo*)	I don't believe that .../I don't think that ...
debo decir que... (+ *indicativo*)	I must say that ...
estimo que... (+ *indicativo*)	I feel that ...
considero que... (+ *indicativo*)	I consider that ...
tengo la impresión de que...(+ *indicativo*)	I have the feeling that ...
estoy seguro(a) / convencido(a) que... (+ *indicativo*)	I am sure/convinced/certain that ...
es probable que... (+ *indicativo*)	it is likely that ...
es posible que... (+ *subjuntivo*)	it is possible that ...
parece que... (+ *subjuntivo*)	it seems that ...
es obvio / innegable / claro que... (+ *indicativo*)	it is obvious/undeniable/clear that ...

es esencial / importante / urgente / terrible / inadmisible que... (+ *subjuntivo*)

lo que (no) me gusta es...

lo que me agrada / me disgusta es...

de lo que quiero hablar es de...

La opinión de los demás

se dice / la gente dice que...

algunos dicen / afirman que...

según algunos(as)... / según algunas personas...

para otros(as), ...

vi (en las noticias / en internet) que...

leí (en el periódico / en una revista) que...

me han dicho que...

he oído decir que...

según las cifras / las estadísticas, ...

Estar de acuerdo o no

estoy de acuerdo / no estoy de acuerdo (con)

estoy a favor / en contra

esto es cierto / falso

por supuesto / por supuesto que no

completamente / para nada

tal vez / quizás / a lo mejor

probablemente (no)

ciertamente (no) / absolutamente (no)

está claro

no hace falta decir (que)...

sin ninguna duda

(no) comparto tu (*o* su) opinión / tu (*o* su) punto de vista

Esto es exactamente lo que pienso.

Es exactamente lo contrario de lo que pienso.

Creo que sí / Creo que no.

(No) está(s) en lo correcto. / (No) tienes razón.

Está(s) equivocado(a).

(No) estoy a favor de...

¿Un problema de comunicación?

Disculpa/e, no te/le entiendo.

No oí lo que dijiste.

No entendí bien la pregunta.

¿Puede(s) repetirlo (más lentamente), por favor?

No sé (más). / No lo sé. / Es todo lo que sé.

No recuerdo. / No me acuerdo.

¿Cómo se dice «X» en español?

¿Qué significa «X» en español?

it is essential/important/urgent/appalling/ unacceptable that ...

what I (don't) like is ...

what I like/dislike is ...

what I want to talk about is ...

What others think

people say that ...

some people say that ...

according to some (people) ...

according to others ...

I've seen (in the news/on the internet) that ...

I've read (in the newspaper/in a magazine) that ...

I've been told that ...

I've heard that ...

according to figures/statistics, ...

Agreeing or not

I agree/disagree (with)

I'm for/against

it's true/false

of course/of course not

absolutely (*or* exactly)/not at all

maybe/perhaps

probably (not)

certainly (not)/absolutely (not)

it's clear

it goes without saying (that ...)

without any doubt

I (don't) share your opinion/view

It's exactly what I think.

It's the exact opposite of what I think.

I think so/I don't think so.

You're right/you're wrong.

You're wrong.

I am (not) in favour of ...

A communication problem?

Sorry, I don't understand.

I didn't hear what you said.

I didn't (really) understand the question.

Could you repeat (more slowly) please?

I don't know/any more.

I can't remember.

How do you say 'X' in Spanish?

What does 'X' mean in Spanish?

C Para el examen escrito
For the written exam

Vocabulario específico para tipos de texto

Vocabulary specific to different text types

Una carta / un correo electrónico a un(a) amigo(a) / una postal

Letter/email to a friend/postcard

Buenos Aires, 18 de junio (*fecha*)

Buenos Aires, 18th June

Querido(a): / Estimado(a):

(My) Dear …

¡Hola! (col)

Hello!/Hi!

Gracias por tu/su última carta / tu/su último correo electrónico.

Thanks for your last letter/email.

He recibido tu/su carta / tu/su correo electrónico.

I have (received) your letter/your email.

No he sabido de ti/usted en mucho tiempo.

I haven't heard from you in a long time.

¿Cómo está(s)? Yo estoy bien.

How are you? I'm fine.

¿Qué hay de nuevo desde la última vez…?

What's new since the last time?

Quedo en espera de tu/su respuesta.

Looking forward to hearing from you.

¡Hasta pronto! (col)

See you soon!

Saludos cordiales / afectuosos:

Best wishes/With love

Un abrazo:

Love, *or* Much love,

Besos: (col)

kisses

Una carta oficial / Un correo electrónico oficial

Official letter/email

Estimado(a) Sr., Sra.:

Dear Sir, Madam

Señor Director: / Señora Presidente:

Dear Sir/Madam … (*when writing to someone with a particular job title*)

Estimado(a) Sr./Sra. González:

Dear Mr/Mrs González

Asunto: Solicitud de información

Subject: Request for information

En respuesta a su correo / anuncio / correo electrónico…

In response to your letter/ad/email …

Le escribo para preguntarle si… / para informarle de que…

I am writing to ask you if … /to inform you that …

Me tomo la libertad de contactarle por …

I took the liberty of contacting you to …

Le agradecería si puede…

I would be grateful if you would …

Le adjunto…

Please find attached (*or* enclosed) …

Gracias de antemano,…

Thank you in advance, …

Espero su respuesta.

I look forward to hearing from you.

Cordialmente

Best wishes/Kind regards

Saludos cordiales

Yours sincerely

Quedo a su disposición.

Yours faithfully

La carta de motivación/presentación

Cover letter

Asunto: Solicitud para el puesto de (+ *nombre del trabajo*)

Subject: Application for the position of (+ *job name*)

Asunto: Aplicación para una pasantía / unas prácticas

Subject: Application for a placement/an internship

Tras su anuncio, me gustaría postularme / presentarme para el puesto de…

In response to your advertisement, I would like to apply for the position of …

Le escribo para solicitar el puesto de…

I am writing to apply for the position of …

mis calificaciones (fpl) / mis habilidades (fpl)

my qualifications/my skills

mi experiencia (f)

my experience

Adjunto / Incluyo mi CV (curriculum vitae).

I attach/enclose my CV (curriculum vitae).

No dude en ponerse en contacto conmigo para obtener más información.

Do not hesitate to contact me for further information.

El diario íntimo

Sábado, 18 de junio de 202X

Querido diario: ...

Necesito contarte lo que pasó...

Eso es todo por ahora / hoy.

¡Nos vemos mañana! / ¡Hasta la próxima!

Personal diary

Saturday, 18th June 202X

Dear diary, ...

I have to tell you what happened ...

That's all for now/for today.

See you tomorrow!/See you next time!

La invitación

Me gustaría invitarte/le (a) / para (+ ocasión)

Nos gustaría que vinieras a celebrar (+ ocasión) con nosotros.

Con enorme placer, le/te invitamos a celebrar (+ ocasión).

La fiesta/ceremonia tendrá lugar el (+ fecha / hora) en (+ lugar).

¿Podría(s) darnos una respuesta antes de la (+ fecha)?

RSVP / Responder para el (+ fecha).

Invitation

I would like to invite you to (+ occasion)

We would like you to come and celebrate (+ occasion) with us.

It is with great pleasure that we invite you to celebrate (+ occasion).

The party/The ceremony will take place on (+ date/time) at (or in) (+ place).

Could you please reply by (+ date)?

RSVP / Please reply by (+ date).

La entrada de blog

Queridos(as) lectores(as):

Estimados(as) suscriptores(as):

Bienvenido(a) a mi blog.

un nueva entrada

una actualización

los archivos

dejad comentarios

Suscríbete a mi «newsletter».

Nos vemos aquí la semana que viene / en un mes.

Blog

Dear readers

Dear subscribers

Welcome to my blog.

a new post

an update

the archives

please leave comments

Subscribe to my newsletter.

See you here next week/in a month.

El discurso

Estimado(s)/Estimada(s) Señor (Director): / Señora (Directora): / Señoras y Señores: / Queridos amigos(as): / Queridos(as) compañeros(as) / Queridos(as) colegas:

voy a hablarle/les de...

el tema que voy a discutir aquí...

el tema del que voy a hablar hoy es...

primero examinemos...

ahora vamos a...

ahora consideremos...

¿Sabían que...?

¿Piensa/Piensan que...?

¿No estás/estáis est de acuerdo conmigo en que ...?

¿Tiene(n) alguna pregunta?

Concluiré diciendo que...

Gracias por su atención / interés.

Gracias por escucharme.

Speech

Mr (Principal)/Mrs (Director)/Ladies and Gentlemen/Dear Friends/Dear Colleagues

I am going to talk to you about ...

the topic I am about to discuss here ...

the subject I am going to talk about today is ...

let's first examine ...

let's move on to ...

let's now consider ...

Did you know that ...?

Do you think that ...?

Don't you agree with me that ...?

Do you have any questions?

I will conclude by saying that ...

Thank you for your attention/interest.

Thank you for listening to me.

La crítica / Review

este libro / esta película (que se titula/llama X), trata de…	this book/film (entitled X) is about …
cuenta la historia de…	it tells the story of …
El libro / La película / La obra de teatro se basa / está basado(a) en una historia real.	The book/film/play is based on a true story.
un libro llevado a la pantalla	a book brought to the screen
una película estrenada en cines	a film released in cinemas
el/la autor(a)	the author
el/la realizador(a)	the director
el/la director(a)	the director
los personajes (principales / secundarios)	the (main/minor) characters
lo que es sorprendente / emocionante / conmovedor / sobrecogedor / decepcionante es…	what is surprising/exciting/moving/shocking/disappointing is …
el estilo es excepcional / decepcionante	the style is exceptional/disappointing
los actores son sensacionales / conmovedores	the actors are sensational/moving
los efectos especiales están bien / mal hechos	the special effects are well done/poorly done
es una obra imprescindible / formidable / inolvidable	it is an essential/wonderful/unforgettable work
un trabajo absolutamente exitoso	a very successful work
Ha ganado muchos premios.	He/She/It has won numerous awards.
Es totalmente mundano / aburrido / espantoso.	It is completely banal/uninteresting/appalling.
¡Un libro que debes descubrir de inmediato!	A book you must discover immediately!
¡Una película que será siempre recordada!	A film that will be remembered forever!
un libro de lectura obligada / una película de visionado obligado	a must-read/must-see
¡No debes perdértela(lo)!	Not to be missed!/Don't miss it!
¡A evitar!	To be avoided!/One to avoid!

El artículo / Article

el diario/periódico de… / el boletín de…	the newspaper/the gazette of …
una columna	column
escrito por… (+ *nombre*), el... (+ *fecha*)	written by … (+ *name*), on (+ *date*)
un reportaje	report
una entrevista	interview

El informe / Report

Tema/Asunto: …	Subject: …
De parte de: …	From: …
A la atención de: …	For the attention of/FAO: …
tras la pasantía / la conferencia / el debate sobre…	following the placement/conference/debate on …
el problema abordado / que nos ocupa	the issue at hand/the problem addressed
después de la discusión, se decidió…	after the discussion, it was decided to …
la decisión es (+ *infinitivo*) …	the decision is to (+ *infinitive*) …

Note that whilst these connectors might be more commonly found in written language, you could also choose to make use of them in your oral work.

Para el examen escrito: conectores	For the written exam: connectors
Desarrollar un argumento	Developing an idea
en primer lugar, …	first (of all), …
para comenzar	to start
primeramente / en segundo lugar	first/secondly
luego / entonces	then
además	moreover
también / igualmente	also
en conclusión	in conclusion
a fin de cuentas	in the end
para terminar / finalmente	finally
Clarificar	Clarifying
es decir / o sea / eso quiere decir	that is to say
dicho de otro modo / en otras palabras	in other words
más exactamente	more precisely
Dar un ejemplo	To give an example
(como) por ejemplo	for example
en efecto	indeed
notablemente	notably
especialmente, sobre todo	specially, above all
en particular	in particular
Contrastar / dar un contraejemplo, una alternativa	Contrasting/giving a counter-example, an alternative
(pero) sin embargo	(but) on the other hand
al contrario / contrariamente a (+ *sustantivo*)	on the contrary/contrary to (+ *noun*)
no obstante	however
por lo tanto	therefore
asimismo	equally
mientras que (+ *indicativo*)	while
aunque (+ *subjuntivo*)	although
por un lado…, por otro lado…,	on the one hand …, on the other hand, …
por una parte…, por otra parte…,	on the one hand …, on the other hand, …
no sólo…, sino también…	not only …, but also …
más que (+ *sustantivo*) / más que (+ *infinitivo*)	rather than (+ *noun*)/rather than (+ *infinitive*)
en vez de / en lugar de	instead (of)
lejos de	far from
habiendo dicho esto…	this being said …/having said this …
de todos modos / en cualquier caso	in any case
a pesar de	despite
Expresar causa	Expressing a cause
porque (+ *sujeto* + *verbo*)	because (+ *subject* + *verb*)
a causa de	because of
gracias a	because of, thanks to

en vista de	in view of
ya que	as, because
dado (que)	given (that)
visto (que)	as, because
debido a	due to
como	as
es por eso que...	it is for this reason that ...

Expresar consecuencia — Expressing a consequence

entonces	so
luego	then
en consecuencia	consequently
por ello	thus
de hecho	as a matter of fact

Expresar propósito — Expressing a goal

con el fin de (+ *infinitivo*)	in order to
con el objetivo de (+ *infinitivo*)	so that, with the aim of
de manera que / para que (+ *subjuntivo*) / para (+ *infinitivo*)	so that, so as to
así que	so that

Expresar restricción — Expressing a restriction

excepto	except
solamente / sólo	only
a excepción de	except (for)
únicamente	only

Citar a alguien / una fuente — Quoting someone/a source

según X	according to X
de acuerdo con X	in accordance with X
para citar a X	to quote X
X piensa que...	X thinks that ...
Yo (no) estoy de acuerdo con X cuando X dice que...	I (don't) agree with X when X says that ...
algunos(as) piensan que... / hay quien piensa que...	some people think that ...
la mayoría cree que...	the majority think that ...